봄날 아카시아 향기를 닮은

당신의 흔적

김중호 · 안현미 · 윤선영 · 이근일 · 이명숙 · 이병일 · 이혜경 · 조병세 · 조현용

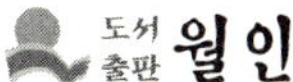

서문

기록적인 폭설이 내리더니 기록적인 폭우가 몰아쳤다. 계절은 바뀌고 봄은 늦게 왔다 금세 지나갔다. 어느 시인이 대지진으로 지구의 자전축이 이동했기 때문이라고 말했다. 몇은 웃었지만 어쩐지 시인의 말에 믿음이 갔다. 세월이 흘러가면서 모든 것이 변하는데 지구의 자전축이 바뀌지 말라는 법은 어디에도 없었다.

큰 것만 변하는 것은 아니었다. 아주 작고 소소한 것들도 변해갔다. 함께 글을 배우던 동무들은 더러 작가나 시인이 되었고 영화를 만드는 이도 있었다. 대부분 사회에 나가 하루하루 힘든 일상을 버티고 있다고 했다. 그렇게 모두 변해갔다.

소설을 가르쳐주었던 박정규 교수님이 정년퇴임을 앞두고 있다는 소식이 날아들었다. 늘 인자한 얼굴로 학생들을 가르치던 교수님이 벌써 나이를 그렇게 드셨는지 생각하니 아주 조금 서글펐다. 기억 속의 교수님은 언제나 젊었다. 젊은 작가들 보다 더 젊은 문장으로 소설을 썼고, 더 젊은 묘사로 소설을 열어 나갔다. 그런 교수님이 벌써 정년퇴임이라니, 다시 한 번 변하는 것들에 대해서 실감했다.

교수님을 모시고 글을 배우던 시절 우리는 아직 꿈이 많았다. 그때의 동무들은 지금 무엇을 하고 있을까? 다른 모든 동무들을 대신해서 글을 쓰는 제자들이 모여 책을 만들었다. 그러나 이 책은 교수님과의 추억으로만 쓰인 것은 아니다. 우리는 학교라는 혹은 박정규 교수님이라는 창을 통해 세상을 보았다. 그래서 이곳에 쓰인 글들은 세상을 바라보는 저마다의 눈이 담겨 있다.

어떤 글에서는 마릴린 먼로와 전쟁과 폭력을 읽을 수 있다. 어떤 글은 세상의 고독에 대해서 음미했고, 어떤 작가는 영화 속 드라큘라와의 만남을 시도하기도 한다. 아현동 헌책방에서 벌레가 되어버린 사내를 만나는 행운이 펼쳐지기도 한다. 이른 아침 단잠을 깨우는 달콤한 연인을 만나기도 하고, 그와 함께 은하철도 999를 타기도 한다.

그러므로 이 책에 실린 글들은 박정규 교수님의 흔적인 동시에 세상을 향해 열린 창이다.

창을 열면 독자들도 달콤한 글 향기에 취할 것이다. 봄날 아카시아 향기를 닮았다. 박정규 교수님과의 추억으로 핀 꽃이다.

2011년 7월

『당신의 흔적』을 쓴 작가들을 대신하여 조현용이 쓰다

차례

거짓말을 타전하다

안현미 · 시인

여상을 졸업하고 더듬이가 긴 곤충들과 아현동 산동네에서 살았다 고아는 아니었지만 고아 같았다 사무원으로 산다는 건 한 달 치의 방과 한 달 치의 쌀이었다 그렇게 꽃다운 청춘을 팔면서 살았다 꽃다운 청춘을 팔면서도 슬프지 않았다 가끔 대학생이 된 친구들을 만나면 말을 더듬었지만 등록금이 없어 학교에 가지 못하던 날들은 이미 과거였다 고아는 아니었지만 고아 같았다 비키니 옷장 속에서 더듬이가 긴 곤충들이 출몰할 때도 말을 더듬었다 우우, 우, 우 일요일엔 산 아래 아현동 시장에서 혼자 순대국밥을 먹었다 순대국밥 아주머니는 왜 혼자냐고 한번도 묻지 않았다 그래서 고마웠다 고아는 아니었지만 고아 같았다 여상을 졸업하고 높은 빌딩으로 출근했지만 높은 건 내가 아니었다 높은 건 내가 아니라는 걸 깨닫는 데 꽃다운 청춘을 바쳤다 억울하진 않았다 불 꺼진 방에서 더듬이가 긴 곤충들이 나 대신 잘 살고 있었다 빛을 싫어하는 것 빼곤 더듬이가 긴 곤충들은 나와 비슷했다 가족은 아니었지만 가족 같았다 불 꺼진 방 번개탄을 피울 때마다 눈이 시렸다

가끔 70년대처럼 연탄가스 중독으로 죽고 싶었지만 더듬더듬 더듬이가 긴 곤충들이 내 이마를 더듬었다 우우, 우, 우 가족은 아니었지만 가족 같았다 꽃다운 청춘이었지만 벌레 같았다 벌레가 된 사내를 아현동 헌 책방에서 만난 건 생의 꼭 한 번은 있다는 행운 같았다 그 후로 나는 더듬이가 긴 곤충들과 진짜 가족이 되었다 꽃다운 청춘을 바쳐 벌레가 되었다 불 꺼진 방에서 우우, 우, 우 거짓말을 타전하기 시작했다 더듬더듬, 거짓말 같은

거짓말 같은,

그래 거짓말 같은 날들이었다.

내가 빌어온 나의 시에서처럼 나는 등록금이 없어 대학에 가지 못했다. 부끄러웠지만 부끄럽다고 말하지 않았다. 그래도 일반 고등학교 보다 커트라인이 더 높다는 서울여상을 졸업한 게 자랑스럽다고, 사회에 빨리 나와서 다행이라고, 거짓말 같은 생각들을 애써 짜냈다. 그럼에도 대학생이 된 친구들을 가끔 만나는 자리는 여전히 고역스러웠다.

아현동 헌책방에서 벌레가 된 사내를 만난 행운처럼 서울산업대 문창과를 알게 된 건 또 하나의 아주 큰 행운이었다. 나는 이십대 중반, 지금은 서울과학기술대학교로 불리는 서울산업대학교 문예창작과에 입학했다. 벌레가 된 사내 때문이었다. 내 삶도 옆구리에 사과를 박고 살다가 빈 껍질로 쓰러질지도 모른다는 생각을 했다. 정말이지 내가 고아처럼 느껴졌다.

강원도 산골 소녀였던 나는 시인이 되고 싶었다. 시가 무엇인지 잘 알지 못했지만 시를 쓰면서 늙어가고 싶었다. 그러나 삶은 내게 가혹한 형벌이어서 내 다리를 둘러싼 족쇄들을 쉬 놓아주지 않았다. 아주 오랜 열병을 앓고 나서야 나는 겨우 야간대학에 들어갈 수 있었다. 글을 배운다는 것이 무척이나 행복했다.

대학교가 아니었다면 나는 여전히 고독의 발명가였을 터였다. 미루나무가 유일한 친구였던 나는 고독이라는 단어를 알기도 전부터 고독을 온몸으로 터득한 아이였다. 그래서 내 유년의 동구 밖에는 항상 미루나무 한 그루가 서 있었다. 그 미루나무 그림자 속에서만 나는 외롭고 따뜻할 수 있었다. 그때는 그나마 내게 엄마가 있기는 했다. 구절리라는 이름의 첩첩산중이었다. 종착역이었고 아버지는 늘 검은 모습이었다.

그림자로만 살고 있는 아버지. 탄광에 들어가서나 나와서나 웃고 있을 때나 술 취해 있을 때나 그림자로만 기억되는 아버지.

그때부터 나는 우주에서 가장 상처받은 사람처럼 굴었다. 사춘기라는 것도 모르던 시절, 엄마는 부끄럽게도 술집 〈파레스〉 주방으로 돈을 벌러 갔다. 라면을 끓이려 불을 붙이면 불보다 더 많이 타올랐던 석유난로의 심지, 라면에는 언제나 석유냄새가 가득했다. 그 생활이 못견디게 싫어서 나는 마침내 내 삶의 15년간을 총정리 해버리고 싶었다. 내가 유일하게 볼 수 있었던 참고서 『15년간 총정리』. 내 삶도 어쩌면 단 하나의 총정리로 기억될지 모른다는 불안감에 마침내 약국 수십 곳을 돌면서 모은 알약들을 한꺼번에 털어 넣었다. 머리만 깨질 것처럼 아팠고 나는 깨질 것 같은 머리를 부여잡고 잠에서 깨어났다.

거울아, 거울아 이 세상에서 누가 가장 쓸쓸하니?

귀신같은 몰골로 물었지만 거울은 답이 없었다. 그때 죽었다면 나는 시인 같은 건 되지 않았을 것이다. 절망은 그렇게 일찍 왔고 희망은 멀리 있었다. 그 사이 황야의 무법자처럼 아버지만 돌아왔다. 무서웠다.

가난 때문이라고 애써 말해보아도 가슴에 남은 멍울, 다시 돌아온 검은 아버지를 피해 엄마는 어느 날 흔적도 없이 떠나버렸다.

공부를 못하는 것은 아니었다. 그게 때때로 억울했지만 나는 그저 우울하고 못생긴 아이였다. 잿빛 교복을 입었고, 인문계 커트라인 보다 높은 성적으로 고등학교에 들어갔다.

차변과 대변, 잡손실가, 감가상각, 손해충당금, 차월이월. 이런 것들을 배우며 3년이 흘렀다. 1월도 틀리면 가차 없던 아, 정말이지 훌륭한 실업계 고등학교 부기 수업. 타타타다 2벌식 타자기 치는 소리. 그러나 내가 타타타다 실어보내고 싶었던 글자들은 그런 것들이 아니었다. 시를 쓰고 싶었던 꿈 많은 문학소녀는 그러나 따따따따 오타 하나에 10점을 빼야만 했다. 타타타다 타타타다 당신의 숨소리가 듣고 싶어요.

들리나요? 거기 누구 없어요?

그러나 그때는 그런 생각을 할 겨를도 없었다. 다 치고 나면 더 차감할 점수가 없어 타자 점수는 늘 바닥이었다. 1원이요, 2원이요, 3원이

요를 지나 4월과 5월로 가면 좋을 텐데. 봄 미루나무 아래서 새싹의 어린 향기를 맡으면 좋을 텐데. 정말로 거기 누구 없어요? 그나마 다행스러운 것은 오른손 엄지손가락과 검지손가락으로 튕긴 주판알들의 소리가 탬버린처럼 마찰음을 낸다는 것, 나뭇잎 쓰다듬는 바람 소리로 들린다는 것.

고마워요. 내게 대답해주어서.

몇 장의 자격증을 받고 여상을 졸업하고 나는야 오피스 레이디로 변신, 대학생은 아니었다. 아직도 기억하는 나의 사번 9002236. 그리고 또 내게 따라다니던 고졸 36번째 입사 사원. 내가 하는 일이라고는 고작 커피를 타고 서류를 카피하는 게 전부, 그래도 생활비를 벌기 위해 아르바이트를 하는 것 보다 더 많은 돈을 벌어들이는 게 한동안은 좋았다. 아현동 산 몇 번지. 보증금 50만 원에 월 10만 원 짜리 단칸방은 나의 우주. 그 우주 속에서 그래, 나는 벌레가 된 인간을 만났다. 내 안의 우주에 낯선 침입자, 겨우 참고 있다고 믿었던 것들이 와르르 무너지는 소리를 나는 애써 외면했다.

안 들려요, 안 들려요, 제발, 내게 아무 말도 하지 마세요.

고등학교때 나도 모르게 쓰여진 대여 장학금을 벌레가 된 남자처럼 죽어라 벌레가 되어 일해서 갚는데 걸린 시간은 일 년. 그 사이 보증금 50만 원 짜리 방에서 600만 원 짜리 방으로 이주 성공. 주중에는 벌레가 되었다가 주말이 되면 회사 동호회 회원들과 중고 카메라를 들고 설악산이나 제주도나 월악산과 덕적도를 쏘다니던 촘촘하고 빛 부시던 시간들.

그렇게 살지 않으면 미쳐버리고 말 것처럼 절실했던 것은 무엇일까. 그 무엇의 틈바구니와 고독.

그렇게 유행처럼 혹은 오래 묵은 질병처럼 고독은 늘 다른 모습으로 내게 달라붙었다. 어느 날 사라진 엄마, 어느 날 갑자기 바뀐 엄마, 팔팔 끓인 가위로 손수 아이의 태를 잘라주었듯 자신의 파란만장한 생을 자르고 그렇게 어느 날 갑자기 떠나버린 아버지처럼.

잠든 동안 돌아왔다 눈만 뜨면 다시 사라지는 고독들. 아니, 아니다. 잠든 동안 달아났다가 눈을 뜨면 다시 나타나는 못된 고독들, 그러나 잡을 수 없는. 나는 그리하여 막장의 어둠 속에서 석탄을 캐는 광부처럼 고독을 캐는, 고독한 말을 캐는 시인이 되고 싶었다.

시인이 되기 전에 사라진 엄마를 찾아야겠다고 마음먹었다. 여전히 고아 같은 나는, 아현동 순대국밥집에서 순댓국을 먹다가 주책 없이 눈물을 떨구었다. 죽어야 할 이유도 살아야할 이유도 없는 것이 미치

도록 아팠다. 미치도록 아픈데 나를 달래줄 사람이 없었다.

그즈음의 나는 미루나무조차 어찌할 수 없을 만큼 지쳐 있었다. 고단함 때문에 숨을 자꾸자꾸 몰아냈다. 나를 달래줄 사람을 찾아, 좀 더 솔직히 말하자면 내 고단함과 고통스러움의 이유를 누군가에게 전달해주고 싶어 엄마를 찾았다. 어느 날 갑자기 사라진 엄마를 어느 날 갑자기, 그야말로 찾아냈다.

"인중에 점이 있는 거 보니까 내 딸이 맞네."

엄마는 17년이란 이산의 세월을 건너 찾아온 딸에게 아무렇지도 않게 말하고 고봉으로 밥을 퍼줬다. 대한석탄공사 장성광업소 제1합숙식당 좁고 좁은 방에서 나는 고단함을 전달해 줄 사람이 결코 엄마가 아니라는 사실을 알게 되었다.

오롯이 내 것인 나의 고독들. 내 안에 담겨 있는 말의 뿌리들을 꾹꾹 눌러 달래며 아무렇지도 않게 고봉으로 꾹꾹 담긴 밥을 입안에 우겨넣었다. 그 모든 고단함과 고통스러움과 고독들은 오롯이 내 것이라는 것을, 누구에게도 자기 몫의 시간을 덜어줄 수 없는 것처럼 자기 몫의 고독 또한 누구에게 짐 지울 수 있는 게 아니라는 사실을, 억울했지만 순순히 인정해야만 했다.

거울아 거울아 이 세상에서 누가 가장 아프니?

그러나 여전히 거울은 말이 없고 죽어야 할 이유도 살아야 할 이유도 찾을 수 없는 마당에 고독 그까짓 것쯤 겪고 말지. 그럼에도 뭔가 새로운 결심이 필요해서 서울역 건너편 대입 학원 새벽반과 야간반 수

강증을 끊었다.

시라는 걸 배우고 싶었고 세상에 내 목소리 하나쯤은 건네주고 싶었다. 아니 내 안에 담아두고서 결코 꺼낼 수 없는 말들을, 나도 그때까지 한 번도 보지 못했던 말의 씨앗들을 보고 싶었다.

그러나 주판알을 굴리던 실력으로 다른 아이들과 경쟁한다는 것이 또 쓸쓸하고 고단했다. 머리 깎고 중이나 될까? 장수에 있는 대화스님을 찾아갔지만 그렇게 살 자신이 없어 사흘 만에 돌아왔다. 또 우울했다. 우울을 견딜 수 없어서 사이비 종교를 찾는 사람처럼 명상센터를 찾았고, 야미기시즘 공동체를 찾았고, 동사섭 법회를 찾았다. 내가 무엇인가를 찾는 사이, 대입학원 정문에서 나를 찾아 두리번거리는 우직하고 착한 남자를 홀려 겁 없이 결혼했다. 겁 없이 아이도 낳았다. 스물네 살이었다.

청량리 전농 1동, 연탄 보일러와 재래식 화장실, 아현동 월셋방과 다를 게 없었지만 더 이상 고아라는 생각은 들지 않았다.

따뜻했다.

겁 없이 결혼을 하고, 겁 없이 아이를 낳고, 겁 없이 늦깍이 대학생이 되었다. 대학은 내게 또 하나의 가족과 같았다. 따뜻했다. 이사라 선생님은 엄마 같았고 박정규 선생님은 아버지 같았다. 물론 내 기억 속에 존재하는 그들은 아니었다. 내가 꿈꾸는 내 희망 속의 그들이었다.

신연우 선생님, 김미도 선생님, 신기상 선생님. 그리고 함께 글 공부를 하는 나처럼 어리숙하고 아픔 하나쯤 제 몸에 열매처럼 달고 사는 동무들.

그들에게 나는 말한다. 저질러라. 실패가 닥치면 겪으면 되고 실패했으면 긍게 긍갑다 하고 다시 실패하면 되리.

낮에는 등록금을 벌기 위해 회사에 다녔고 밤에는 책가방을 들고 수업을 들으러 헐레벌떡 뛰어다녔고 휴일엔 옥탑방에서 책을 읽었다.

누가 시켰다면 정녕 견뎌낼 수 없는 그런 시간이었다. 그런데도 따뜻하고 행복했다.

세상의 무엇도 쓸모없는 건 없다는 걸 늦깍이 대학생이 되어서 알았다. 조심스레 내게 다가와 말 걸어주던 박정규 선생님, 이제 학교를 떠나면 선생님은 소설가가 되겠지. 그렇게 돌고 도는 세상.

잘 가세요, 선생님. 부디 좋을 글 쓰길 바랄께요. 그럴거지요. 내게 꿈 하나 던져주어서 고마워요.

대학교에서 하하하 시시시, 꿈을 꾼 덕분에, 나는 하하 시시, 하시시, 시인 반 물 반이라는 세상에서 시시한 시인이 되었다. 눈물겨웠지만 턱없는 원고료로는 살 수가 없어서 다시 직장을 잡았다. 그래서 지금도 나는 매일매일 출근하고 매일매일 퇴근한다. 시를 아끼는 사람들과 거나하게 취할 술값을 위해, 낮에는 여전히 일을 하고 밤에는 아직도

시를 쓴다. 그렇게 살면 고독할 틈이 없을 것 같지만 자주자주 고독하다.

거울아 거울아 우린 언제까지 고독해야 하니?

여전히 거울은 말이 없다. 그런데 이번에는 슬며시 웃어준다. 거울 안에 들어가 웃고 있는 너는 누구니?

학교에 가지 않았다면 시인이 될 수 있었을까. 그곳에서 내 안의 씨앗을 꺼내 물을 주지 않았다면. 학교에 가지 않았다면 나는 덜 고독할 수 있었을까? 학교에 가고 난 뒤에 나는 미루나무가 보낸 목소리를 듣는다.

"안녕, 오랜 친구. 언제든 놀러오렴. 나는 아직도 그 자리에 있거든. 고독처럼 슬픔처럼."

그러고보니 나를 떠나고서 언제나 바위에 내 안부를 물었다던 엄마가 떠오른다. 엄마에게 고독은 바위였을까. 그래서 나는 고독의 레시피를 만든다. 고독을 쓸 수 있는 법. 고독을 다루는 법. 당신과 나의 고독 사이에 존재하는 무수한 그림자를 찾는 법.

그렇게 발명하고 캐내고 요리한 고독들을 서른 다섯이라는 나이에 첫 시집으로 묶었다.

그리고 얼마전 여전히 직장인이며 시인으로 살아가면서 다시 또 한 권의 시집을 묶었다. 그러는 사이 고마운 선생님 한 분(그래요, 박정규 선생님! 선생님 이야기랍니다.)은 정년퇴임을 하는 나이가 되었다.

또 한 번 선생님께 인사. 고마워요. 감사해요. 사랑해요.

그런데,

거짓말 같은,

그런 시절은 어느 시절이었을까? 지금, 어제, 아니면 내일.

이제 다시 거짓말을 타전할 시간이다.

고독과 살갗

조병세 · 평론가

큰 고독

이것은 그에 관한 이야기이다. 그는 고독이다.

(정말이지 인칭은 감정을 지칭하기 위한 것이고, 감정의 거리에 관한 일종의 약속이며, 감정의 소유권을 분할하는 거대한 계약이다. 누가 슬픈가? "나는 슬프다." 그 슬픔의 주인은 '나'로부터 가장 가까운 일인칭 '나'의 것이다.)

어느 날 바르트는 "사랑에 관한 한, 우리는 깃털이 달린 사람(l'Emplumé)이 아닌 살갗이 벗겨진 사람(l'Écorché)이라고"(김희영 역, 『사랑의 단상』에서 썼다. 어느 날 그도 이것에 대해 썼다. 이것들은 아마도 고독에 관한 이야기이다. 고독, 살갗에 감싸져 있는. 살갗에 감싸져 있는 그것, 고독에는 결정적인 혼자가 맺힌다. 이것들은 죄다 혼자에 대한 이야기이며, 이 이야기들은 고독과 살갗에 관한 소문들로 이루어져 있다.

살갗. 혼자의 징표인 고독은 물렁한 껍질에 싸여 있다. 가령 사랑에 빠진 사람은 그 껍질이 제거된 상태에 놓이게 된다. 사랑에 빠진 사람은 (보이지 않는 그) 살갗이 벗겨진(벗은) 사람이다.

희귀한 것. 그 살갗이란 것은 독특한 형태로 살아 있다. 살갗은 뜯겨져 나가면서 자신의 역할을 마지막 바깥에 드러난 물렁한 진피로 인계한다. 서서히 조금씩 단단해지고 건조해져서는 진피 역시 그 가장 겉의 살갗이 된다. 그러한 과정을 쓰라림이라 하자. 가령 이러한 쓰라림은 별리(別離)에서 연원한다. 아주 많이, 고독해지는 것의 쓰라림은 별리에서 비롯된다. 그래서 고독은 필연적인가 보다. 모든 관계의 본질은 결국 '헤어짐'이므로. 이것은 결국 별리에 관한 이야기다. 그와 헤어진다. 그는 고독이다. 고독으로부터 헤어짐으로써 고독이 된다. 어떤 고독에서 어떤 고독이 뜯겨져 나간다. 뜯겨져 나가는 것은 언제나 남아 있는 것보다 작다. 그는 고독이다. 그 고독에 뜯겨져 나가는 고독은 작다. 그는 큰 고독이다.

어느 날 누군가 그 큰 고독에 대하여 "멋있다"고 답했다. 질문은 "그는 어떤 사람인가?"였을 것이다. 모든 질문에 답이 내재한다. 진정한 답. 그가 멋있다는 것이 진정한 답이 아니다. "그는 어떤 사람인가?"라는 질문을 생산한 어떤 매혹과 그에 대한 호기심이 진정한 답이다. 그는 작은 고독들의 관심을 불러일으킬 만큼 매력적이다. 그는 큰 고독이기 때문이다.

어느 날 그는 '살갗이 벗겨진' 남자(『에코르체 혹은 보이지 않는 남자』)에 대해 썼다. 큰 고독이 되기 위해서는 몇 번의 쓰라림을 겪어야 한다. 몇 번이나 살갗이 벗겨져야 한다. 그 과정에 놓인 자가 '살갗이 벗겨진' 사람이다. 그렇게 큰 고독은 몇 번이나 살갗이 벗겨진다. 그것은 몇 번이나 관계를 잃는 일이다. 자기의 자리에 있던 무언가가 몇 번이나 떠나는 일이다. 많은 사람을 잃은 자의 큰 고독은 그 통증을 안으로 내보인다. 비밀의 형태를 띠는 매혹적인 상처. 큰 고독이 자아내는 신비함은 거기서 연원한다. 큰 고독이 유인하는 매혹의 정체는 빛의 직시가 아니라 반사된 빛의 시작점에 대한 소문과도 같은 궁금증에 있다. 너무 많은 사연들이 말하여지지 않은 형태로 입 다물어져 있을 때, 매혹이 시작된다.

서늘한 미풍

바람은 음성처럼 공기를 매개로 한다. 공기에 매개된 것에는 사연이 깃든다. 거칠고 강력한 바람은 위태롭다. 그 속에서는 여러 종류의 분노가 읽힌다. 관계가 청산되거나 해결된 상쾌한 바람도 있다. 무언가 시작할 때 비롯되는 설렘을 가진 새벽 공기속의 바람도 있다. 큰 고독은 서늘한 미풍이다. 그것은 신비스러운 온도를 전한다. 그 온도는 후일담처럼 읽힌다. 혹은 추억을 억제한 감정으로 되새길 때의 온도다. 농담의 뒤편에 드리워진 그늘 같은 게 그렇다. 농담은 자꾸 사실을 억제한다.

그가 명랑한 농담을 펼쳐낼 때에도 멀어지는 것들이 귀를 아득하게 한다. 그의 탄력 있는 농담 속에는 조용한 바람이 분다. 떠나가는 것이 지나간 다음에 오는 바람이 자꾸만 거기서 분다. 그의 마음은 달려본지 너무 오래 되었다. 그는 다만 서늘한 미풍으로 불어갈 뿐이다. 멈추지 않고 자신의 속도로 끝없이 불어간지 너무 오래 되었다. 서늘한 미풍은 어디든 갈 수 있지만, 희미하게 스쳐서, 왔다는 흔적이 깊지 않다. 느리지만 붙잡아둘 수 없다.

붙잡아둘 수 없는 것은 붙잡아두고자 하는 고독을 앓게 만든다. 진정한 답. 매혹은 매혹의 대상을 앓는 것이다. 큰 고독은 자신의 안쪽 외에는 거처를 갖지 않는다. 사랑의 병이 흔히 '정처 없음'의 그림처럼 묘사되는 것은 바로 이 때문이다. 마음이 큰 고독의 매혹에 흩어져버린다. (아, 어쩌면 타자란 자기의 운명 같은 것인가 보다.)

그가 계단식 강의실에서 계단을 오르내리며 영혼에 대해 강의를 한다. 영혼이라니, 글자들이 출생시키는 꿈틀대는 의미들이라니, 거기서 영원을 사는 아름다웠을 소문들이라니. 조는 학생들이 속출한다. 살갗이 두껍고 작은 고독들이다. 하지만 민감한 투쟁을 겪는 이들이 더 많다. 영혼에 대해서는 무한히 강의할 수 있다. 하지만 아쉽게도 고독은 유한하다. 더욱이 큰 고독은 시간이 얼마 남지 않았다. 그 시간의 희소성이 매혹을 더한다. 바람의 무늬로 그는 긴 머리카락을 쓸어 올린다. 강의를 마친 그가 5층의 복도를 복도의 영혼을 더듬는다. 복도의 영혼은 걸음에 자의식을 부여해야만 느낄 수 있다. 그 순간에는 전존재가 다른 것은 말고 오로지 보행자(步行者)여야만 한다. (그러하다면 가끔 복도 한쪽 끝에서 서늘한 미풍이 불기도 할 것이다.)

다시 별리

바람둥이는 자신이 당신과 다르다는 것(대개 우월의 형태로)을 알면서도 당신을 자신과 같은 열정을 나누어가진 것처럼 착각에 빠뜨리는 데 명수다. 살갗을 고스란히 지닌 채 당신에게 다가가 '나는 벗겨졌노라!'고 거짓 선언한다. 바람둥이의 고독은 그렇지 않은 사람들의 것보다 두껍고 단단한 껍질에 싸여 있다. 그래서 상대적으로 좀 작다(마치 두꺼운 껍질에 싸여 있는 과일의 알맹이가 작은 것처럼). 작은 고독은 가벼운 자의식을 생산한다. 바람둥이에게서는 어떤 필연적인 가벼움, 진지하지 못함이 읽힌다. 바람둥이의 자의식은 작아서 자신의 사랑만으로 그 대부분을 차지하고 있다. 타인의 애정을 덜 필요로 한다. 하지만 애정의 메커니즘은 잘 안다. 하나의 벡터로 구성된 애정은 단순하고 꽤 강력한 힘을 발휘한다. 그것은 순수하다. 자신에 대한 애정이므로 실패에 대한 두려움이 결여돼 있다. 바람둥이의 사랑에서는 어떤 필연적인 자신만만함이 읽힌다.

한편, 좀처럼 사랑에 빠지지 않는 자의 고독. 그것은 아름다워서 시선들이 어쩔 줄 모른다. 아름다울 만큼 충분한 속성과 요소들이 넘쳐난다. 좀처럼 사랑에 빠지지 않는 자의 고독은 세심하게 건축된 것이다. 몇 번이나 살갗이 벗겨지는 과정은 건축을 닮았다.

이들도 바람둥이가 될 수 있다. 사실 이들이 그러려고만 한다면 정말 굉장한 바람둥이가 된다. 이들의 고독은 자신만을 매혹시키는 것이 아니라 살갗이 벗겨지지 않은 고독임에도 불구하고 다른 이들을 잡아당긴다.

이 큰 고독의 살갗을 벗겨낼 수 있다면 그를 사랑에 빠뜨릴 수 있을 것이다. 그러나 고독의 살갗이 벗겨진 순간부터 사랑이라는 맹목은 맹목을 상실한다. 살갗이 벗겨진 고독은 어떤 것이든 상대에 대하여 지나치게 나약하기 때문이다. 축축한 그것은 상대를 돌이킬 수 없을 만큼 상실한 후에야 다시 회복될 수 있다. 큰 고독에 대하여, 큰 고독에 호감을 갖고 있는 자들이 결코 그것의 살갗 벗겨진 모습을 기대하지 않는 것은 사실 살갗이 벗겨진 것은 고독조차 아니기 때문이다. 살갗이 벗겨진 것의 중심에는 섬약함이 도사린다. 누구와도 사랑에 빠질 준비가 되어 있는 감수성이 축축하게 젖어 있다. 그러한 감수성은 매혹의 반대방향으로 주체를 몰아간다. 감수성은 힘있는 매혹이 아니라 나약한 숭배를 지시한다.

감수성. 그가 영혼에 대해 말할 수 있는 것은 감수성 때문이다. 큰 고독은 감수성이 적은 것이 아니라 보통의 고독과는 다른 데로 감수성이 크게 열려 있는 것이다. 그것은 안으로 열려 있다. 큰 고독은 자신의 고독에 대하여 섬세할 줄 안다. (아, 큰 고독은 자신의 고독, 그 캄캄한 깊이에 대하여 바람둥이다.) 어둠이 짙을수록 눈이 어둠에 적응하는 데 오래 걸리듯, 섬세의 끝에서 큰 고독은 자신의 고독한 영혼을 본다. (아, 자신의 고독 앞에서 큰 고독은 살갗이 벗겨진 자이다.) 그러나 그 순간을 영원히 지속시킬 수는 없다. 영혼은 빛이 가시세계를 가능하게 하는 것처럼, 영혼의 에테르는 빛으로부터 한 없이 뒷걸음치는 어떤 것이다. 그러므로 어느 순간 큰 고독의 감수성으로도 영혼이 잡히지 않는다. 그 순간. 큰 고독은 아무도 만나지 않았는데 별리를 겪는다. 아무도 자신을 떠나가지 않았는데 별리를 앓는다. 때문에 큰 고독은 늘 전에 본 적 없는 낯선 혼자의 모습을 하고 있다. (그것의 등은 어찌나 세련되었는지.)

독특한 피부의 이름

누가 그를 큰 고독에 빠뜨렸을까.

예술가. 허구임을 알면서 욕망하는, 욕망의 일부를 허구의 형태로 실현하는, 예술가는 스스로 큰 고독 속으로 들어간다. 비밀을 잔뜩 쌓아두고, 환상들을 끊임없이 자아낸다. 예술가는 노이로제를 겪는 왕성한 거미다. 예술가는 각자 다르게 있다.

큰 고독은 다른 고독과 적게 겹쳐짐으로써 큰 고독이 된다. 큰 고독은 다른 고독보다 훨씬 독립적인 고독이다. 때문에. 큰 고독은 늘 적게 이해받는다. 그래서 큰 상처를 받는다. 때문에, 독특한 피부를 필요로 한다. 더 건조하고 더 딱딱한 살갗을 필요로 한다. 그것을 벗겨내기 위해서는 백 명이 필요하다.

살갗. 그것의 외양은 이데올로기처럼 그 안에 든 변별 불가능한 것을 변별 가능한 것으로 만들어 준다. 사실 이름이 주체의 가장 겉에 있다. 그럼에도 이름은 순수하게 변별 가능한 것이며, 변별 가능성의 순정한 추상이다. (이름) 부르기를 통해 고독을 품은 주체의 살갗이 벗겨지는 이유가 바로 이것이다. 그 이름이 무엇이라는 것은 아무 의미도 없다. 어떻게 불리느냐만이 의미를 갖는다. 몇 글자의 명사에 주체의 고독이 결정적으로 고스란히 맺힌다. 예술가. 자신이 불리고픈 호칭을 스스로 먼저 불러버린. ('보이지 않는' 것은 불릴 수도 없는 것일까. 아니면 더 불리려고 '보이지 않'게 된 것일까. 예술가. 때로 우리 모두가.)

수다스러운 눈빛

예술가. 그 이름 앞에서 살갗이 벗겨진 자 된다. (나는 벗겨졌노라!) 희미한 신체적 움직임에도 허둥거린다. (물을 엎지르다니…) 팔이 말을 듣지 않는다, 무릎이 제멋대로 꺾인다, 얼굴 피부가 경련을 일으키다니! 저 눈빛에는 너무 많은 말이 들었다. 그 눈빛에 자진하여 사로잡히고 어설퍼진다. 살갗이 벗겨진 사람은 아무도 어른이 아니다. 거의 모든 것을 새로 시작하는 것만 같다. 거의 모든 것이 다른 의미로 반짝거린다. 거의 모든 것, 어떠한 기표로도 그것들을 묶어둘 수가 없다. 마치 영감에 사로잡힌 시인이 신에 들린 듯, 이 세계에 없던 말들-시를 황홀의 눈빛으로 적어내려가듯 이 세계의 거의 모든 것들이 새것 같고 새로운 의미로 활활 타오르는 것만 같다. 영원히 되돌아와야 할 것은 바로 그러한 순간들이다. 모든 순간들을 그렇게 살아내는 것이다. 낡은 삶을 다르게 건너는 것이 삶에 있어 위버멘쉬(übermensch)의 유일한 목적은 아닐지.

큰 고독은 작은 고독들을 도취시킨다. 자꾸만 작동시키고 아직 이름 없는 것들을 만들어낸다. 그의 강의가 영혼에 관련된 것은 그의 말들이 살아 있는 것들을 만들어내기 때문. 살아 있는 것에는 영혼이 깃든다. 예술가. 생활을 예술로 만들어 취하는. 예술가는 뒤돌아선 자이다. 예술가. 타인들의 시선에서 뒤돌아선 자, 자신을 보려고 타인들의 시선에서 시선을 설레며 회수한 자들. 예술가의 눈빛에는 큰 고독의 사연이 이 세상에 없는 비유로 펼쳐져 있다. 거기서 어떤 의미를 읽는 이들은 그 역시 뒤로돌아선 자가 된다. 몇 번의 별리라도 감수하고 뒤돌아선 자가 된다. 별리를 겪으려고 사랑에 빠지는 자가 된다. 별리가 생산하는 독특한 사연들을 눈빛으로 소유하려고 등 돌린 당신을 내버려두는 감수성을 감행한다. 이들은 결국 상처를 농담으로 싸서 가지고 다닌다. 이들에게서 르상티망(ressentiment), 그것은 아무것도 아니다. 이들은 그것을 농담으로 훌쩍 뛰어넘어 건너버린다.

상처와 원한의 파토스들은 전혀 위험하지 않은 말들이 되어 이 세상에 없는 비유로 이들의 눈빛에 고인다. (아, 큰 고독은 큰 고독을 만든다.) 큰 고독은 독특한 문양으로 다른 큰 고독을 추억한다. 추억은 고독이 아니라 고독의 언어가 하는 일이다. 관계의 산물, 혹은 흔적이 아니라, 추억은 고독의 독백이다. 큰 고독의 독백은 이 세상에 없는 사연을 자아낸다. 그에게서 추억은 더 이상 흔적이 아니라 자신에게 걸어오는 시간으로 끝을 알 수 없는 영원한 이야기가 된다. 영원회귀는 가장 행복한 때로 되돌아가 그것을 계속 도취되는 어떤 것으로 바꾸려는 일이다. 첫사랑으로 되돌아가 그것을 계속 다르게 겪는다. 그러므로 첫사랑의 회귀가 아닌 두 번째의 사랑이란 위태롭기만 하다. 큰 고독은 두 번째의 사랑에 위태로운 자이다. 자기 안의 첫사랑이 자꾸만 반복되고 있기 때문이다. 큰 고독의 꿈틀거리는 의미들이란 결국 첫사랑과 같은 자꾸만 회귀시키는 일이다. 계속 변주되며 꿈틀거리는 첫사랑과 같은 새로운 것으로 갱신되고 그의 눈빛에 새겨진다. 그의 눈빛은 수다스럽다. 그 눈빛만은 영원일 수 있다.

보이지 않는

보이지 않는, 부정형의 구절은 부정되기 위한 구절일까. 예술가. 큰 고독은 고독들의 군상을 그린다. 그것은 영혼의 문제이다. 큰 고독은 고독들의 군상을 주광(daylight) 속에 풀어헤쳐진 필름, 금이간 거울에 비친 자로 그린다. 큰 고독은 고독들 속에서 자신의 모습이었던 것을 본다. 그 모습은 부정형의 구절을 하고 있다. 아무것도 없는 윤곽을 가지고 있다. 주광 속에 풀어헤쳐진 필름. 누가 피로하게 사용하려고 부른 이름을 갖고 있다. 큰 고독은 그러한 것들을 그린다. 그의 눈빛에 펼쳐져 있는 그러한 것들을. 고독은 큰 고독이 그려내는 이야기를 매혹이 아닌 정체를 모르는 자의식적 애정으로 가슴에 품는다. 마치 자신을 위로하듯이 그것들을 묵독한다. (아, 나는 보이지 않는 사람이었구나.)

자기에 대한 위무들에서 불리고픈 자기의 이름을 스스로 먼저 불러보는 가공할 용기를 얻는다. 큰 고독은 좋은 이야기꾼이다. (그가 드디어 복도를 다 건넌다. 바람은 스스로 멈춘다.)

그러나. 서늘하게, 어디선가 바람이 불면 그를 떠올릴 것이다. (그때 누군가의 눈빛에 새겨진 것을 영원히 기억하겠다.)

그는 고독이다. 큰 고독이다.

눈 내리는 하얀 집에 대한 기억

이근일 · 시인

이카루스는 왜 태양을 향해 날아갔을까요?

밀랍이 녹아 결국 하늘에서 떨어지고 만다는 것을 그는 몰랐던 것일까요? 그것은 아니지요. 그의 아버지는 밀랍이 태양에 녹아내릴 것이라며 그에게 너무 높이 올라가지 말라고 충고 했습니다. 그럼에도 그는 저 높은 하늘을 향해, 뜨거운 태양을 향해 날갯짓을 멈추지 않았습니다.

그것은 새로운 세계, 저 먼 하늘에서 무수히도 많은 빛의 무지개를 간직하고 있는 태양이라는 미지의 세계에 대한 동경이 아니었을까요.

추락의 고통이 뼈를 저미는 아픔이라고 할지라도, 태양보다 더 뜨거운 심장이 불끈불끈 뛰고 있는 그에게 아픔은 단지 치통 같은 그리움에 지나지 않았을 것입니다. 그러므로 그의 육신은 비록 지상으로 추락했다지만 영혼은 저 먼 우주로의 여행을 계속하고 있을 것입니다.

눈길

그해 겨울은 제 기억 속에 백색의 이미지로 각인되어 있습니다. 그러나 순백이 아닌, 짙은 어둠이 깔린 백색. 유난히 눈이 많이 내린 계절이었지요. 당시 선생님께선 소설 모임을 꾸려가던 저희를 댁으로 초대해 주셨던 것으로 기억합니다. 신춘문예 시즌이 막 끝난 뒤였습니다. 저희는 모두 낙선자였고, 모두가 하나같이 침묵의 음화에 젖어 있던 즈음이었습니다.

선생님도 글을 쓰는 분이었으니 신춘문예의 계절이 주는 쓸쓸함과 외로움과 울적함을 누구보다 잘 알고 있을 것입니다.

아, 그렇습니다. 선생님. 그때 우리는 신춘문예의 열병을 앓고 있었습니다. 모두들 낙선자라는 자괴감이 우리 온몸을 휩쓸고 있었습니다. 그래서 선생님께선 독려 차원에서 저희를 그 하얀 집으로 초대하셨을 테지요. 그것을 잘 알면서도 저희는 모르는 척, 그리고 좀 불편하면서도 불편하지 않은 척, 태연하고 여유 넘치는 걸음걸이로 선생님이 사시는 그 하얀 집으로 향하고 있었습니다. 우리는 '척'에 길든 풋풋한 글쟁이들이였으니까요. 그때도 그랬지만, 전 여전히 부정하고 싶지 않습니다. 그 '척'에 진실이 스며 있다는 진실에 대해서.

하얀 집으로 가는 동안 저는 두꺼운 털모자 하나 없이 흠뻑 눈 세례를 맞았습니다. 제 문학에 대한 열병은 어느새 어두운 백색의 눈(雪)앓이로 옮겨 가고 있었지요. 지금은 그 언덕 위에 눈 내리는 하얀 집이 있던 그해 겨울의 시간과, 그 시간을 체감하는 이 시간, 그리고 그 시간과 이 시간 사이사이에 내리는 백색의 시간들이 흩어졌다가, 다시 또 내리다가 뭉쳐선 굴러다니는 게 보입니다. 그런데 대체 그 눈길에 짙게 깔린 어둠의 정체는 무엇일까요. 아, 그렇군요. 그건 하얀 집이 드리운 거대한 그림자라는 것을, 전 어렴풋이 감지합니다.

저희는 우선, 의정부역에 모였다가 함께 출발하기로 사전에 약속했었지요. 그날 분명 눈이 오지 않았다라는 사실을 저는 잘 알고 있습니다. 그런데 어찌 된 일인지, 지금 제 회상 속 그날엔 함박눈이 펑펑 쏟아집니다. 우리는 찬 손을 비비거나 입김으로 녹이면서 아직 오지 않은 그를 기다렸습니다. 그런데 갑자기 그의 얼굴이 선연히 떠오르지 않았습니다. 떠올리려고 애쓸수록 그의 얼굴은 왜곡되고 굴절되어, 끝내 베이컨의 자화상처럼 분간할 수 없을 만치 뭉개진 험악한 몰골로 변해 버렸지요. 그 와중에 저는 좀처럼 잡히지 않던, 당시 제가 구상하던 어떤 소설의 작중인물에 대해서 떠올리고 있었습니다.

일단 이야기가 아닌, 인물의 성격을 확실히 부여하는 게 먼저다. 그러면 자연스레 이야기가 피어나리니……

그때 저의 깊은 내면으로부터 선생님의 음성이 막 들려오고 있었습니다. 인물보다 먼저 이야기를 구축했던 제 소설의 구조가 일순간 허물어져 버렸습니다. 그 사이 그가 도착했고, 저는 겸연쩍어하는 그의 얼굴을 빤히 주시했습니다. 평소와 다를 바 없던 그의 얼굴을, 평소와는 다른 시선으로 말이지요. 그러는 찰나 그의 얼굴 너머에 떠오른 웬 낯선 얼굴 하나가 보였습니다. 지금은 까맣게 잊은 그의 또 다른 얼굴……

우리는 잠깐 모의한 끝에 귤 한 상자를 샀던 것 같습니다. 아니, 그건 귤이 아닐지도 모르겠어요. 그래도 저는 그때 귤을 샀다고 믿고만 싶습니다. 귤은 눈뭉치보다 따뜻한 색감을 입었으니까요. 말하자면 귤을 향한 이 작은 집착은 지금까지의 춥기만 한 제 기억에 대한 일종의 방어기제라 할 수 있습니다.

잠시 뒤 우리는 의정부역에서 전철을 탔거나, 버스를 탔던 것 같습니다. 아니면 택시를 타고 바로 그 하얀 집을 향했는지도 모릅니다. 여하튼 목적지에 무사히 당도한 우리는 거목들이 쭉 늘어선 눈길에 접어들었습니다. 택시를 탔다면, 택시가 미처 들어갈 수 없는 좁은 눈길이었을 것입니다. 그 늘어선 나무들이 잣나무였는지, 은행나무였는지, 또 포플러였는지 역시 잘 기억나지 않습니다. 그때 저와 함께 걸었던 얼굴들이 개별적이라기 보다는 한데 뭉친 하나의 이미지로 떠오르고 있듯이, 이 순간 그 나무들은 다만 '하얀 나무' 또는 그와 유사한 몇 그루 자작나무의 기억으로 수렴되고 있을 뿐입니다.

벨라 루고시

고백하건대 저는 벨라 루고시를 기억하지 못합니다. 그의 생김새가 어땠는지, 그의 목소리가 어땠는지 나는 결코 알지 못합니다. 그런데도 저는 벨라 루고시를 추억한다고 말하고 있습니다. 그것은 영화의 힘입니다. 비록 제가 추억하는 벨라 루고시는 팀 버튼 감독의 영화 <에드

우드>에서 벨라 루고시로 분한 마틴 랜도일 뿐이지만 자막이 오르고 이렇게 오랜 세월이 지난 뒤에도 저는 벨라 루고시를 추억한다, 추억한다고 믿고 있습니다. <외계로부터의 9호 계획>을 찍으며, 작동하지 않는 괴물 문어와의 처절한 사투를 벌이는 그, 약물 치료를 받는 그를 찾아온 기자들을 돌려보낸 에드에게 비록 가십거리에 지나지 않는 관심일 뿐이라 해도 잊혀지는 것보다는 더 낫다고 말하며 쓸쓸히 돌아눕던 그. 그렇게 마틴 랜도를 통해서 벨라 루고시를 보았고, 벨라 루고시를 추억하게 되었습니다.

물론 <에드 우드>를 보고 난 뒤, 나는 벨라 루고시가 출연한 <드라큘라>를 비롯해 <외계로부터의 9호 계획> 등 몇 편의 영화를 보았습니다. 그러나 여전히 내가 추억하는 벨라 루고시는 <에드 우드>의 벨라 루고시였습니다.

추억은 현실을 뛰어넘습니다.

영화를 처음 보았을 때가 몇 살이었을까요? 처음 본 영화는 <죠스>였습니다. 흑백 텔레비전이 전부였던 시절, 시뻘건 피가 낭자하는 컬러 영화는 단연 어린 가슴을 흔들어 놓기에 충분했습니다.

우리는 어쩔 수 없이 무엇인가를 보고 기억하며 자랍니다. 영화가 되었든 글이 되었든 혹은 나무나 풀 같은 세상 그 자체가 되었든, 우리는 우리가 보고 느낀 것을 변형시키며 또 다른 이미지들로 키워나갑니다. 어쩌면 모든 생명체는 태어나기 훨씬 이전부터 이미지들을 느끼며 살고 있었는지도 모를 일입니다. 어머니 뱃속에서 느꼈을 수많은 신비는 바로 이미지의 다른 이름입니다.

어느 평론에서 선생님의 글을 두고 나이의 연륜을 반대로 거슬러 올라 마침내 소설을 어린 아이처럼 진화시킨다고 했습니다. 그러고 보니 선생님의 글들은 그렇게 하나하나 이미지의 조합들로 우리를 놀래키고는 했습니다. 선생님의 모든 글들이 살아있는 유기체같은 느낌이었습니다. 선생님이 떠난다는 생각을 할 때마다 저는 오래도록 벨라 루고시를 떠올릴 것만 같습니다. 문어와의 사투처럼 그 깊고 깊은 골짜기 외로운 집에서 소설과의 사투를 끊임없이 벌였을 것만 같은 선생님. 저는 그래서 선생님을 생각할 때마다 제 안에 수많은 이미지들을 함께 떠올립니다.

그리고 어느 순간 제 시의 원천이 그런 이미지에 있음을 불현듯 깨닫습니다.

자작나무

자작나무를 오랫동안 물끄러미 바라봤던 기억이 있습니다. 그때 저는 자작나무의, 흰 껍질이 군데군데 벗겨져 나간 부분을 칼에 베인 상처로 여겼습니다. 한창 시를 쓰고, 시적인 소설을 쓰던, 은유에 길들여진 시절이었습니다. 그 후 저는 집으로 돌아와 제 글쓰기에 대한 회의에 빠졌습니다.

비로소 제 관념의 횡포에 대해 인지하기 시작한 것이지요. 그동안 주위의 사물을 작위적으로만 해석하고, 새로운 세계를 창조한다는 명분 아래, 그 순백의 존재들을 향해 무참히 칼날을 들이밀었던 것을 반성하게 되었습니다. 어쩌면 제가 봐왔던 이미지들은 제 관념 속에서 제가 창조한 한심스러운 피조물이었는지도 모르겠습니다.

작품에서 인물을 자유롭게 놀게 하라.

선생님께서 강의 시간에 종종 강조하셨던 말씀입니다. 작가가 일관성 없이 지나치게 작중인물을 통제하다 보면, 그 인물은 죽어버리게 된다는 의미로 당시는 이해했습니다. 문학에서의 왜곡이 필연적인 것이라면, 그 왜곡이 최대한 발생하는 지점은 현실과 문학의 경계쯤이어야 된다고 생각합니다. 일단 현실의 사물을 문학 안으로 끌어들인 뒤에는 그것들에게 확실한 자유를 주어야, 비로소 생생한 한 작품이 탄생할 수 있다는 생각. 그날 이후 저는 이러한 생각을 견지하면서 글을 쓰게 되었습니다.

하얀 집

우리는 드디어 선생님이 거처하시는 하얀 집에 도착했습니다. 몇 채 집들이 야트막한 언덕을 따라 일렬로 늘어서 있었고, 그 하얀 집은 가장 높은 곳에 자리했던 것으로 기억합니다. 펑펑 내리는 눈과 함께, 옆집 개 짖는 소리를 끌고 올라온 저희를, 선생님께선 반갑게 맞아주셨지요. 겉에서 깨끗하면서도 차갑게 느껴지던 하얀 집은 막상 들어가 보니, 더없이 편안하고 따뜻했습니다. 벽에 반듯하게 걸린 그림들이 먼저 눈에 띄었고, 우리는 각자 흩어져서 먼저 집 여기저기를 둘러보았습니다. 그리고 음식이 정갈하게 차려진 식탁에 모여앉아 식사를 나누고 술을 마셨습니다. 술과 함께, 공간을 꽉 채운 부드러운 음악이 얼었던 우리의 말들을 녹여주고 있었습니다. 문득 우리들 머리 위로 눈송이가 흩날리기 시작했습니다. 제 술잔 속에 눈송이가 반짝거리며 스며들고 있었습니다.

때로 기억은 서로 다른 시간과 공간이 혼재된 양상으로 재현되는 것이어서, 이 순간 그 하얀 집의 풍경 너머로 느닷없이 강의실의 풍경이 떠오르는가 봅니다. 이 풍경은 하얀 집을 방문하기 몇 주 전의 기억이 품은 것이지요. 선생님께선 우리들 중 누군가의 소설 합평이 끝나자마자, 근래 직접 쓰신 작품이라며 프린트 된 「제단」이라는 단편을 돌리고 계셨습니다. 그때 저는 격의 없이 제자들에게 다가서는 선생님의 모습에 놀랐고 또 탄복했습니다. 우리는 돌아가면서 천천히 그 소설을 읽기 시작했습니다.

그 집은 지은 지가 오래된 듯한 크지 않은 규모의 단층으로 마당 한 편에 커다란 느티나무 한 그루가 널찍한 그늘을 만들고 있는 붉은 벽돌집이었다.

하얀 집과 붉은 벽돌집이 환기하는 괴리감은 그리 크지 않습니다. 이 두 집은 저마다 풍기는 색이 다를 뿐, 저의 인식 속에서는 똑같이, 조금의 오차도 없는 단단한 소설의 구조를 구축하고 있으니까요. 말하자면 하얀 집도 붉은 벽돌집도 하나같이 제 인식에 의해 리모델링된, '소설의 집'이라 부를 수 있겠습니다. 낭독은 계속 이어졌습니다.

특이한 것은 내가 지금 서 있는 남쪽으로 향해 나 있는 창문이 하나도 없다는 것이었다. 삼십 센티미터쯤 돌출된 빗물받이 지붕을 이고 있는, 출입이 가능해 보이는 크기의 둔중한 검은색 문 하나와 상단에 자리 잡고 있는 통풍구인 듯한 손바닥만 한 두 개의 공간을 제외하고는 남쪽으로 향한 면은 모두 벽으로 막혀 있었다.

그러니까 굳이 두 집의 구조적 차이를 들자면, 붉은 벽돌집은 하얀 집에 비해 좀 더 폐쇄적인 구조를 갖추고 있다고 볼 수 있습니다. 창문

하나도 없이 사방의 벽으로 꽉 막혀 있는 집을 떠올리며 이 소설을 읽어가던 저는, 자꾸 침이 마르는 것을 느꼈습니다. 행갈이도 전혀 안 된 형식을 취하고 있었고, 견고한 이야기의 흐름 덕에 제 호흡은 불규칙했으나, 집중을 흐트러뜨릴 정도는 아니었습니다. 저는 선생님의 이 단편을 통해, 소설의 구조에 대해 비로소 습득하게 되었음을 고백합니다. (그 후에 읽게 된 사르트르의 소설 『벽』에서도 이러한 견고한 형식과 이야기 구조를 접할 수 있었지요.)

저는 이런저런 상념에 빠져 대화에 쉬이 참여하지 못하고 머리카락에 내려앉은 눈을 털며, 그 하얀 집의 지붕으로 올라갔습니다. 막상 올라와 보니, 방금 전까지 제가 속했던 하얀 집의 열린 공간이 순식간에 닫혀버린 듯한 느낌이 들었습니다. 그 열린 공간에 있던 사람들과 사물들은 저 아득히 먼 풍경처럼, 또 비밀스런 소설의 방법론처럼 다가왔던 것입니다.

마치 저는 이 하얀 집의 눈동자가 된 것처럼, 희끄무레한 눈이 내리는 먼 풍경을 물끄러미 바라보았습니다. 독일 소설가 페터 한트케의 「어느 작가의 오후」에 등장하는 작가가 창을 통해서 바라본 원경들을, 먼 곳에 있는 작품의 소재들로 여겼다는 내용을 탐독했던 것은 바로 요 근래의 기억입니다. 그때 저도 하얀 집의 눈동자가 되어 작품 구상을 하고 있었던 걸까요. 송구스럽게도, 역시 잘 기억나지 않습니다.

미래의 추억

가끔 학교에 들리고는 합니다. 그곳에서 제가 추억하는 것은 과거가 아니라 미래였다는 것을 이제 어렴풋이 알게 되었습니다. 선생님과의 과거를 바탕으로 아름답게 피울 제 이미지의 꼴들, 그래서 저는 감히 이제 나는 미래를 추억하려 한다, 고 씁니다. 제 앞에 펼쳐질 아름다운 희망과 축복. 해서 나는 이렇게 엉터리 선생님과의 미래에 대해서 씁니다. 어느 날, 맑은 봄날, 선생님과 저는 향기 좋은 쑥국 한 그릇 놓고 소주잔을 기울이고 있습니다. 쑥과 마늘을 먹고 조금 어른이 되어 지금 보다 아주 조금 더 맑은 글을 쓰고 있는 저를 선생님은 웃으며 바라봅니다. 이 또한 하나의 이미지를 만들어나가는 것입니다. 개개인이 하나의 이미지 형태라면 세상은 이미지의 총체입니다. 이 세상에 존재하는 모든 것들 하나하나의 이미지에서부터 시작해서, 가족, 학교, 기업, 그리고 사회 혹은 나라 그 자체 이미지까지…… 때문에 바른 이미지는 세상을 살아가는 중요한 열쇠가 되며, 그런 의미에서 바른 이미지를 창출하는 작업은 그 자체로 보석입니다.

시의 작업이 그러하고 소설의 작업이 그러합니다. 그림으로 소설을 읽고 소설로 세상을 보여주는 선생님의 작업은 또 얼마나 고된 아름다움인지.

미래의 저는 이미지를 창조하고 제가 만든 이미지를 사랑하며 세상에 존재하는 모든 이미지들을 바르게 읽어나갈 것입니다. 어쩌면 이미지를 창조하는 일은 제가 생각했던 것보다 더 많이 힘들고 어려울지도 모릅니다. 그러나 저는 선생님을 통해서 그것이 참 재미있는 작업이라는 것을 알게 되었습니다. 그것은 제가 꿈꾸는 아름다운 이미지의 세상을 향한 또 다른 길입니다. 그러므로 저는 기꺼이 아니 너무나도 유쾌하게 그 일을 해나갈 것입니다. 그것은 지난 날 내가 꿈꾸고 믿었던 또 하나의 추억인 까닭입니다.

내용도 없는 글이 무심히도 길어졌습니다. 그럼 이만 줄일까 합니다. 언제나 제 기억 속 하얀 집에 거처하고 계실 선생님, 건강과 건필을 기원합니다.

떡국 그리고 선생님

이명숙 · 극작가

아이들과 떡국을 먹는다. 무엇이 좋은지 떡국을 먹으며 마냥 즐거워 하는 아이들. 그러고보니 내게도 떡국과 관련된 가슴 떨리는 기억이 있다. 그래, 떡국이다.

떡국을 먹을 때면 선생님이 생각난다. 이제 곧 우리 곁을 떠나시는 고마운 선생님, 선생님 집에서 먹었던 하얀 떡국 한 그릇. 술을 잘 마시지도 못하면서 하얀 떡국 국물이 맛나기도한 나, 받아 마셨던 붉은 양주 한 잔. 배드민턴을 치며 깔깔거리던 그때.

그렇게 나는 떡국이 떠오르면 언덕 위에 있는 아름다운 선생님 댁이 생각나고 그 집을 생각하면 우리를 위해 손수 떡국을 끓여주셨던 사모님이 떠오른다. 가슴 떨렸던 어느 새해의 일이었다.

선생님은 그때 안식년이었다. 안식년으로 댁에 계신 선생님께 새해 문안을 여쭙던 어느 날, 그러나 나는 뀌다놓은 보릿자루마냥 달려가는 차안 구석에 처박혀 있었다.

그때껏 내게 선생님은 어렵고 그래서 조금은 두렵기까지 한 그런 존재였다.

선생님의 소설 첫 수업 시간이었다. 그때처럼 긴장감과 두려움으로 차 안에 앉은 나는 지나쳐가는 풍경만 묵묵히 바라볼 뿐이었다. 강의실에서 선생님을 처음 뵙던 날도 연구실에서 뵙던 날도 모두가 내게는 일그러진 일상이었다. 선배들 틈에 끼여 앉은 차안의 자리만큼이나 내 마음도 그러했다.

-전화는 드렸지?

-네. 사모님이 떡국을 준비하고 계신대요.

선배들의 대화는 먼 얘기처럼 들렸고 그 먼 얘기 따라 자동차는 나를 어느 시골(?)로 데려가고 있었다. 전선이 늘어져 있는 전봇대와 쿵쾅거리는 비포장 도로. 그 쿵쾅거림은 점점 익숙해지고 내 가슴속에서 멜로디가 되고 노래가 되었다. 노래는 배경음악이 되고 자연스럽게 나의 우울했던 대학 편입시절과 대학원 문을 두드렸던 일들이 줄지어 떠올랐다.

새 학기가 시작되는 봄이었다. 나는 무엇을 해보겠다는 희망을 품고 편입을 했다. 기대 했던 첫 시간이 다가왔다. <소설창작 연습 I>을 듣기 위해 강의실에 들어갔다. 선생님을 처음 뵙는 순간, '카리스마' 란 단어를 떠올렸다. 강의실 분위기는 엄숙했다. 선생님께서는 내가 생각지도 못한 엉뚱한 질문으로 나를 당황케 하셨다.

-자네는 다음부터는 내 수업 안 들을 거지?

-아니……요. 아직……

모든 만물이 시작된다는 봄에 나는 혼자서 황무지 같은 겨울 한복판에 서 있는 느낌이었다. 그렇게 난 매시간 겉도는 무지한 학생이 되었다. 향학로에 서 있는 플라타너스는 한없이 젊음을 내뿜고 있었을 텐데…… 그때 나는 인문관 옆 건물 너머 구름만 멍하니 바라봤던 것 같다.

지금도 그 날을 떠올리면 눈앞이 캄캄해진다. 내 등짝에서는 연신 식은땀이 송글송글 맺혔을거다. 나는 유달리 숫기가 없어 언제나 고개를 푹 숙이고 다니는 학생이었다. 그런 내가 선생님의 그런 말을 들었으니 오죽했겠는가. 자네는 다음부터는 내 수업 안 들을 거지? 자꾸만 선생님의 목소리가 내 귓속을 파고들었다. 선생님의 첫 수업시간부터 다음에는 소설수업을 듣지 말라는 말씀인가?

아니면 넌 소설수업에는 맞지 않는다, 는 말씀?

그 순간, 당황한 내 얼굴은 붉으락푸르락 했던 것 같다. 자리에 앉아 있어도 한참동안 자리에 서서 벌을 받는 느낌이 들었다.

그 경험은 대학원 문을 두드릴 때도 비슷했다.

대학 4학년이 끝나가는 어느 날이었다. 내 옆을 스쳐지나가던 학우가 대학원에 간다면서 싱글벙글 흘리고 갔다. 대학원! 그래, 내가 무엇 때문에 편입을 했던가. 정신이 번쩍 들었다. 공부에 대한 미련, 작품에 대한 미련, 그 미련 때문에 가슴 속 한이 터져 나왔다. 대학원 면접을 보는 날은 어찌나 긴장을 했는지…… 지금도 생각해 보면 선생님들의 질문 공세는 나를 한없이 작아지게 했다.

-넌 언제부터 대학원 준비를 했니?

-요즘 읽는 책에 대하여 말해 보세요.

-언제부터 글을 쓰기로 했나요?

-남편이 공부하는 것에 대해서 반대는 하지 않겠군.

긴 침묵에서 깨어나는 순간, 난 눈물이 핑돌았다. 머릿속에서는 여러 차례 상황을 그려봤다.

상황1.

-(애절하게) 교수님! 더 배우게 해 주세요. 네?

상황2.

-(간절한 눈빛으로 미소를 지으며) 전 여기서 공부를 더하고 싶어요.

상황3.

-(큰 목소리로) 열심히 하겠습니다!

무엇보다 의지가 중요해, 라는 생각으로 상황 하나를 골라서 시원하게 대답을 해야만 했다. 그러나 내 입에서는 말이 제대로 나오지 않았다. 나는 왜 이렇게 말을 잘하지 못하는 것일까? 머릿속에서는 이렇게 저렇게 말하라고 하지만 얼굴만 화끈거릴 뿐 속수무책이었다.

그때 내 입에서 나온 대답은 "아직 집에는 얘기를 하지 못했어요. 합격을 하면……"이라고 더듬거리며 말을 했던 것 같다. 이런 말주변머리 때문에 때때로 혼자 삭히는 경우가 적잖이 있었다. 나도 모르게 말문이 막힐 때가 많았다. 그리고 그 일 때문에 아파했었다. 그게 삶인가? 나의 대학생활을 그렇게 고민하고 아파했었다. 경위야 어찌됐든 나의 대학생활은 그렇게 끝이 났다. 대학문을 들어서면 다 잘되어 나올 줄 알았다. 마음에 맞는 사람들과 '함께' 하고 싶었지만 욕심만큼 되지 않았다. 난 여전히 겉돌았다. 왕따! 글도 삶도 엉망이었다.

-이 대문은 마을로 들어선다는 문 같지?

어느새 선생님 댁이 가까워졌다는 선배의 말이 들렸다. 드디어 마을 입구에 온 것이다. 몇 분 후 우리는 선생님의 마중을 받았다. 선생님께서는 학교에서 뵈었을 때보다 무척이나 초췌해 보였다. 얼굴도 더 갸름해지셨고 머리숱도 더 적어 보였다. 커트머리를 한 중년 부인이 활짝 웃으셨다. 단아, 라는 글자만 떠올렸던 것 같다. 두 분을 따라서 우리는 선생님 댁에 들어갔다.

아주 멋진 집이었다. '이 집에서 한 번 살아보고 싶다'는 생각을 했다. 단 한 달이라도. 생각하면 생각할수록 신나는 일이었다. 또 다르게 생각해 보면 두 분이 살기에는 무척이나 넓은 집이고 외로우실 것 같다, 는 생각이 들었다. 외로움과 예술! 두 분을, 가끔씩 이 외로움에서 벗어나게 해 드리고 싶어졌다. 예술을 위하여.

넓은 거실, 커다란 상에 하나 둘 떡국이 차려졌다. 그림의 떡국이었다. 그림 같이 차려진 떡국을 보며 어떻게 이걸 먹지, 하는 생각도 들었다. 차 안에서 떡국, 하던 선배들과 나는 천천히, 맛있게 먹었다. 먹는 순간마다 깔끔! 사모님께서 요리하는 모습이 그려졌다.

우리는 사모님께서 만들어 주신 떡국을 먹고 난 뒤, 선생님께서 손수 따라주신 양주도 마셨다. 떡국과 양주! 나는 엉뚱한 생각도 해 보았다. 사모님이 떡국이라면 선생님은 양주! 사모님은 떡국처럼 단아했고 선생님은 양주처럼 멋졌다. 예전에는 미처 몰랐을 정도로. 부부는 서로 닮는다고 했는데……

떡국 덕에 배가 불렀고 양주 덕에 포만감과 더불어 기분도 좋아졌다. 마냥 행복했다. 다함께 짠짠짠. 내 뱃속이 황홀해서인지 취기가 넘쳐서인지 내 앞에 앉아계신 선생님과 사모님이 오락가락 닮아보였다. 무리 중 어떤 선배가 "어떻게 지내셨어요?"라는 물음에 선생님은 외동딸 얘기를 꺼내셨다. 며칠 전에 딸을 보고 왔는데 딸, 몸매가 아주 예뻐졌다고 자랑하셨다. 우리가 "당근 예쁘겠지"하고 일제히 웃었다. 선생님은 딸에게 요가를 배웠으며 그 후로도 두 분이 이 커다란 거실에서 요가를 가끔 하신다고 했다. 두 분이 했을 동작들을 상상하니 실실, 웃음이 나왔다. 웃고 있는 건 나뿐이 아니었다.

거실 곳곳에 새들도 웃고 있었다. 새[鳥]그림들. 대화를 나누는 동안 나는 사모님이 유명한 화가라는 것도 알게 되었다. 그렇다. 분명 예술가의 집이었다. 나는 "2층을 구경해도 되나요"라고 물었던 것 같다. 선생님께서는 "그래"라고 하셨다. 나는 2층으로 가는 계단을 향했다. 2층은 1층과는 또 다른 멋이 있었다. 와우, 잡지책에서만 봤던 집이었다.

2층에 자리잡은 작업실을 보면서 그 공간에 친숙한 언어들이 떠돌아다니는 느낌을 받았다. 나는 곳곳을 구경하며 '선생님께서는 바로 이 곳에서 분만(?)을 하셨겠구나, 그리고 저 의자에 앉아서 많은 인물들과 대화를 나누셨겠지'라는 생각을 했다.

나는 선생님께서 쓰시는 책상을 한 번 더듬어 보았다. 부럽다. 제사보다는 젯밥에 관심이 있다는 말은 나를 두고 한 말인가 보다. 이 곳에서 글을 쓴다면 아니 책을 본다면 쏙쏙 잘 들어올 것 같다는 생각이 들었다. 정말 마음에 들어. 이 공간을 내가 취할 수만 있다면…… 욕심이 자꾸 생겼다.

정성스런 떡국 때문인지, 양주 때문인지…… 내 몸의 온도가 점점 1도씩 올라가는 느낌이 들었다. 그 때 선생님께서 "운동 좀 하고 가" 하시면서 배드민턴 얘기를 꺼내셨다. '요가'와 '배드민턴'까지. 우리는 밖으로 나갔다.

배드민턴. 내가 이 라켓을 언제 잡아봤던가. 추억과 함께 용기가 생겼다. 선배들의 배드민턴 실력은 형편없었다. 선배들이 바닥으로 치달을 때마다 나는 웃음이 나와 어쩔 줄 몰랐다. 웃어야 될 지 말아야 할 지. 가만있자, 내가 한번 해 보고 싶은 욕심이 생겼다. 저기있는 코트를 중심으로 작은 공을 쳐내기만 하면 되는 것인데 왜들 이렇게 힘들어하는 거지? 하는 호기심이 발동하면서 서서히 라켓을 쳐다보았다.

나는 당당하게 라켓을 잡았다. 나는 '아자, 아자' 하며 '아주 높게', '아주 멀리', 힘차게 셔틀콕을 쳐냈다. 내 공을 받아주시는 선생님께서 한마디 하셨다.

-금방 배우네. 이웃이라며? 선영이와 가끔 운동 좀 해.

몇 초는 행복했다. 그러나 에구구, 몇 분 만에 내 몸이 망가지는 걸 느꼈다. 다리가 후들후들, 오른팔이 나무토막처럼 굳어지는 것 같았다. 십 여분 만에 나도 선배들처럼 자리에 주저앉고 말았다. 놀랍다. 선생님의 배드민턴 실력!

선생님 댁 너머 노을이 지고 있었다. 노을지는 풍경 속 '술 익는 마을'이 아니라 '정 익는 마을' 덕분에 내가 '정'에 푹 빠졌다. 그림에서만 본 풍경들이 내 눈앞에서 펼쳐지고 있었다. 모든 시련들이 땅거미에 사라지고 있었다. 행복한 저녁이었다.

그러고 보면 지나간 일들이 하나도 헛되지 않았다. 내 삶이 모두 고통과 외로움은 아니었나 보다. 행복은 이렇게 찰나, 인지도 모른다. 그 찰나 하나 때문에, 아니 미련 때문에 삶이 계속되나 보다. 와우! 나도 그런 마을에 살고 싶어졌다. 갑자기 내가 사는 곳이 답답해지는 순간이다. 정이 뚝뚝 떨어지는 아파트 사잇길에서 나는 또 그날을 떠올린다.

오늘 언니가 가래떡을 가져왔다. 가래떡은 '양(陽)의 기운'을 상징한다고 한다. 가늘고 길게 만든 가래떡은 '무병장수'를 기원하는 뜻도 가지고 있다. 흰 가래떡을 보니 예전에 선생님 댁에서 먹었던 떡국이 생각났다. 그날이었다. 떡국을 먹으며 내가 마음껏 웃었던 날도, 미래의 내 모습을 그려본 날도. 추억은 그리움으로 또 이렇게 되새기게 되나 보다. 오늘 저녁상엔 그날의 풍경과 그 날 함께 했던 분들을 생각하며 떡국을 끓여야겠다. 가래떡의 기원처럼 모두 건강하시기를 빈다.

안식년 맞은 선생님의 근황이 궁금해 찾아가는 길.
차 안은 소풍 맞은 아이들처럼 왁자지껄하다.
떡국, 이라는 소리에 서로가 그림의 떡국에 흠뻑 빠져보네.
스승님의 체력을 의심하는 제자들.
체력!을 두고 뒤로 나자빠지는 나쁜 체력들.
배드민턴이 웃고 있네.

영원한 현역을 기억하며

김중호 · 소설가

황사바람이 분다. 먼 타클라마칸 사막이나 고비 사막, 혹은 황하 강 상류에 또아리를 튼 아라산 사막으로부터 바다를 건너 불어오는 봄의 불청객. 아무리 문단속을 잘 한다고 해도 스며드는 먼지를 다 막을 수는 없는 모양이다. 집안 가득한 뿌연 먼지를 대하며, 어느 사이 스며들어 뿌옇게 쌓이는 먼지처럼 어쩔 수 없는 것들이 생각한다. 봄날 제 기운에 겨워 피는 꽃이 그렇고, 또 봄 기운 다하면 누가 뭐라할 것도 없이 슬그머니 꽃잎 지는 것이 그렇다.

황사바람이 불면 그러나 나는 이렇게 봄을 생각한다. 그리고 어느 해 봄 처음 찾았던 서울산업대학교 문예창작학과를 떠올린다. 글을 쓰겠다며 만학의 꿈을 품고 들어갔던 곳. 그러나 고백하자면 어색함이 설레임을 잡아먹는 그런 봄날이었다.

어린 학생들 틈에서 과연 나는 잘할 수 있을까? 내가 저들처럼 푸른 글을 쓸 수 있을까? 그런 생각들은 내 마음을 아리게 만들었다. 마치 봄을 시샘하는 불청객 황사처럼 내 만학의 꿈은 그렇게 시들었을지도 몰랐다. 그러나 황사바람 속에서도 꽃은 피고 또 새들은 노래를 한다. 땅이 모질수록 더 크고 예쁜 꽃을 피우는 꽃들의 희망. 내 희망은 뜻하지 않는 곳에서 찾아왔다.

황사바람 그치면 어느 꽃이 지고 어느 꽃이 새로이 피었을까를 생각하며 책을 덮는다. 마릴린 먼로에 관한 책이다. 텔레비전 화면에서는 미국과 이라크의 전쟁이 끊임없이 재생되던 몇 해 전 어느 봄, 나는 서점에 가서 마릴린 먼로의 자서전을 사 들었다. 기이한 일이었지만 결코 기이하지 않았다. 나는 그 전쟁의 소용돌이, 남성적 폭력으로 얼룩진 세상 속에서 홀로 외롭게 살다가 죽어간 그녀의 목소리를 듣고 싶었다. 그리고 그 봄, 황사는 아무래도 중국보다 더 먼 중동의 어느 전쟁터에서 불어오는 것이 아닐까 하는 착각을 들게도 했을 것이다. 착각은 다시 착각을 불러들이고 마침내 또 다른 하나의 상상을 낳는다.

상상은 전쟁이 이라크를 점령한 미국의 승리가 아닌 다른 것으로 이어진다. 바그다드를 점령하고 또 다른 패권을 위해 미국이 또 다른 곳에서 전쟁을 벌이는 사이, 그 틈을 노린 제3의 세력이 미국본토를 공격한다. 전쟁은 겉잡을 수 없는 소용돌이로 이어져 마침내 3차대전으로 이어지고, 핵을 사용한 인류의 파멸로 이어진다. 물론 몇몇 살아남은 사람이 다시 몇 천년에 걸쳐 문명을 싹틔우기는 할 것이다.

상상은 마릴린 먼로로 이어진다. 전쟁이 끝나고 그렇게 황폐해진 문명을 다시 싹틔우기 위해서는 아마도 지금과는 전혀 다른 어떤 신화와 전설이 필요할 터인데 나는 그 전설과 신화 속에 마릴린 먼로를 집어넣었다. 아담과 이브가 선악과를 따 먹어 에덴동산에서 쫓겨난 것처럼, 그리하여 인류의 선조로 비로소 확고부동한 자리를 잡은 것처럼, 마릴린 먼로 역시 새로운 인류의 조상으로 거듭날지도 모르겠다고 나는 상상한다. 그것은 단지 그녀의 섹시함 때문만은 아니었다. 바로 그것은 폐허가 된 도시의 구석구석 발견될 그녀의 초상 때문이다.

『마릴린 먼로 My Story』을 읽으며 나는 생각보다 많은 곳에 예컨대 식당이나 찻집 그리고 어느 작은 사무실에까지 앤디 워홀(Andy Warhol)의 마릴린 먼로가 걸려있다는 사실을 생각해냈다. 물론 나는 몇 번이나 그곳들을 들락거리면서 몇 번이나 보았으면서도 흘려보냈을 먼로의 얼굴을 다른 이미지들과 겹쳐서야 그곳에 그녀가 있었다는 생각을 끄집어냈던 것이다.

앤디 워홀이 마릴린 먼로를 실크스크린으로 본 뜬 1967년은 먼로가 서른 여섯이라는 아까운 나이로 자신의 침실에서 전라(全裸)의 모습으로 숨을 거두고 5년이 지나서였다. 워홀에 예술작품으로 다시 태어난 먼로는 예의 그 요염한 웃음을 짓고 있다. 그녀의 섹시포인트 까만 점은 워홀에 의해서 붉은 색을 더한다. 그리고 먼로의 최고 히트작 <신사는 금발을 좋아해>를 추억하기라도 하듯 짙은 금색 머리가 돋보인다.

도대체 얼마나 많은 곳에 마릴린 먼로가 걸려 있을까? 지구의 종말 이후, 우리 먼 조상이 그랬던 것처럼 모든 기억을 잃어버린 사람들도 어떤 신화가 필요할 것이다. 아마도 몇몇 부족은 여전히 남은 아담과 이브를 기억할 것이며, 몇몇 부족은 여전히 진화를 이야기할 것이며 또 다른 몇몇 부족은 마릴린 먼로의 초상을 볼 것이다. 이 세상에 그렇게 많은 얼굴이 널리 퍼질 정도의 인물이었다면 틀림없이 인류의 어머니였을 것이라 추측하고 그녀를 모실지 어느 누가 알겠는가?

비약이 너무 심했는지도 모르겠다. 고백하건데 실은 그 동안 마릴린 먼로에게 가졌던 편견과 오만에 대한 미안함과 부끄러움에 대한 반성이었다. 대부분의 사람이 그렇듯이 나 또한 마릴린 먼로를 생각할 때 그저 섹시함으로 밥을 빌어 먹고 산 어느 멍청한 여배우 정도로 생각했다. 몇 편 보았던 그녀의 영화에서는 사실이지 그렇다할 배우의 능력과 매력을 발견하지 못했었다. 다만, 누구라도 그렇듯이 그녀의 섹시함만이 눈에 가득 들어왔던 것이다.

아마 그것은 당신도 마찬가지일 것이다.

마릴린 먼로를 기억하는가? 그렇다면 당신 또한 배우로서 혹은 한 사람의 이름으로서 그녀를 기억하기 보다는 단지 섹스 심볼이라는 하나의 이미지로 그녀를 기억할 것이다. 당신이 남자라면 그런 증상은 더욱 뚜렷이 나타날 것이다.

<버스정류장>, <뜨거운 것이 좋아>를 비롯한 수많은 영화에서 먼로는 화려한 금발과 섹시한 몸매로 어느 누구도 흉내낼 수 없는 자신만의 성적 매력을 우리들에게 보여주었다. 어디 그 뿐인가? 야구스타 조 디마지오, 극작가 아서 밀러와의 잇따른 결혼과 파경, 그리고 케네디 형제와 이브 몽땅 등 끊이지 않는 염문설과 의문에 싸인 죽음은 그녀를 영원한 섹스 심볼로 우리들 뇌리에 각인시키도록 돕는데 충분했다. 그러나 영원한 섹스 심볼이라는 말 속에 은근한 비아냥이 숨어있다는 것을 우리는 또한 알고 있다.

예컨데 지금까지 우리는 마릴린 먼로를 놓고 머리는 나쁘고 얼굴만

예쁜 여자이거나, 연기력보다는 몸으로 때우기 좋아하는 배우로 생각해왔던 것이다.

아버지가 누구인지도 모른 채 정신병을 앓고 있는 어머니 사이에서 그녀는 태어났다. 그런 막막한 출생의 아픔 뒤에는 당연한 것처럼 어린 시절의 불행이 닥쳐온다. 먼로도 예외는 아니어서 고아원과 수양가정을 전전하고 아홉살 때 같은 집에 세 들어 살던 남자에게 성폭행을 당한다. 그럴 만하니 그랬겠지, 라는 말은 제발 하지 말기를…… 어려서부터 주위의 그런 따가운 시선과 싸워야만 했던 마릴린 먼로는 그러나 섹스를 그다지 좋아하지 않는다고 밝힌다. 스스로 불감증 환자나 레즈비언이 아닐까하는 의심이 들었다는 대목에서 나는 다시 한 번 부끄러웠던 것이다.

물론 그녀가 원하든 그렇지 않든 그녀에게 성적 매력이 가득했던 것은 사실인 모양이다. 15살, 도피처로 선택한 결혼의 실패 뒤에 먼로가 생각한 것은 할리우드 행이었다. 최고의 섹스 심볼 먼로에게도 할리우드에서의 시련은 깊었던 모양이다. 우습게도 처음에는 카메라를 받지 않는 얼굴이라며 20세기 폭스사에서 쫓겨나기도 했고, 겨우겨우 촬영한 것은 몽땅 잘려나가기 일쑤였다. 우여곡절 끝에 스타가 되기는 했지만, 그녀는 할리우드에 대해 냉철했다.

"할리우드에서 여자의 인품은 머리 모양보다도 중요하지 않다. 그곳에서는 인간성이 아니라 외모로 사람을 판단한다. 할리우드는 키스

한 번에 1000달러를 지불하지만, 영혼은 50센트인 곳이다."라고 말하는 대목에서는 배우와 한 여자의 고뇌를 동시에 보는 듯 하다.

먼로의 책을 읽었던 봄. 그래, 내내 부끄러운 마음으로 그 동안의 편견과 오만을 반성하며 자서전의 끝장을 덮던 때는 막 미국이 막 바그다드를 점령했다는 소식이 들려올 무렵이었다. 물론 나는 나의 상상처럼 마릴린 먼로가 또 다른 인류의 어머니가 되는 것을 원치 않기로 했다. 내가 그랬던 것처럼 다만 미국이라는 저 힘센, 그래서 무섭기만 한 나라가 어서어서 오만과 편견에서 벗어나기만을 바라기로 했다. 해서 황사바람 그치고 맑은 날이 오기를 기다려보기로 했다. 그리고 또 하나, 그녀가 아픔을 딛고 일어서기 위해 끊임없이 노력했던 진정한 배우로서, 삶과 자신을 사랑했던 하나의 완전한 여성으로, 참다운 세기의 연인으로 다시 태어나기만을 바라기로 했다. 그것은 바로 "이상한 진동이나 일으키면서 섹스 밀매꾼 영화사에 떼돈을 안겨주는 배우가 아니라 나 자신이 되고 싶었다."는 먼로의 바람이지 않을까?

꽤 오랜 세월 동안 내가 글쟁이라는 사실을 잊고 살았다. 아마, 앞으로도 한동안 그 '잊음'을 깨치기 쉽지 않으리. 생각해 보면 불혹을 넘기고도 철부지였던 모양이다. 헛바람만 잔뜩 든 채 근본도 없이 마구잡이로 글을 쓰겠다고 덤볐으니 부끄럽기 짝이 없는 일이다. 그 처지에다 감불생심 '절필'이라는 말을 들이댈 수도 없을 터, 굳이 변명 삼아 꿰맞춘다면 오십의 절반을 훌쩍 넘긴 이제야 겨우 철이 들었다고나 할까.

사람이 철이 드는 데는 꼭 세월 탓만은 아니더라. 반드시 어떤 빌미가 있기 마련인데 나 같은 경우는 몸에 찾아든 병이라. 얼마 전 암 수술을 하고 글쓰기를 포함한 인생 전반에 거쳐 꼬치꼬치 캐묻고 나서야 비로소 철이 들었다. 그래서 우스운 얘기지만 진짜 죽지만 않는다면 죽을병이 한번쯤 들어보는 것도 나쁘지 않겠다 싶은 생각이 들었다. 그런데 어찌된 일인지 철이 들고 나서 그 이전에는 그토록 의기양양하게 덤비던 글 쓰는 일이 이제는 감히 첫 마디 운을 떼는 것조차 두렵다. 아마, 박정규 선생님만 아니었다면 기필코 이 글도 쓰지 않았으리라.

선생께서 아직도 내 이름 석 자를 기억하고 계신지. 선생의 정년에 즈음하여 발간하는 헌정 문집에 원고를 내달라는 연락을 받고 나서야 비로소 십 수 년 전의 기억을 떠올렸다. 그리고 그 기억 속에서 불현듯, 그러니까 아주 오래전 전생이거나 혹은 그 보다 더 먼 전전생부터 약속이나 되어 있는 것처럼 나는 마릴린 먼로를 떠올렸다. 길게, 쓰고 보니 턱 없이 길게 마릴린 먼로에 대해서 이야기를 해야겠다는 생각도 들었다. 서른여섯, 참으로 아까운 나이에 세상을 떠난 그녀. 그런데 왜, 정년을 축하하는 글에 먼로가 떠오른 것일까, 며칠을 끙끙거리며 나는 마릴린 먼로와 박정규 선생의 연관성을 떠올렸다. 수수께끼를 받아든

오이디푸스처럼 실마리를 찾지 못하며 아무래도 나는 단 한 줄의 글도 쓰지 못했을 것이다.

나에 대한 선생의 배려는 그러니까 봄날 황사바람 속에서 만난 그윽한 꽃향기와 같았다. 아무래도 나이 먹은 학생이라 남다른 배려가 많았으리라. 아무튼 나로서는 글을 쓴다고 덤비며 만학의 꿈을 갖고 들어간 학교에서 선생을 만나 뵐 수 있었다는 게 내 인생 전반에 거쳐 가장 큰 수확이며 영광이었다.

태생이 아득한 섬이며 자란 곳 또한 거친 항구라 보고 배운 게 모두 비루하여 내세울 거라고는 눈을 씻고 찾아보아도 가망 없을 나에게 선생은 너무 과분한 배려를 주셨다. 외람된 말이긴 하나 내가 말한 배려라고 하는 것은 보이지 않는 관계의 따뜻함을 말하는데 선생은 내게 엄한 스승이라기보다는 따뜻한 형과 같았다. 모름지기 세상 사람의 관계라는 게 어떤 격식의 고매함보다는 편하게 마주 설 수 있는 따스함이 더 낫지 않을까.

내가 학교생활을 할 때 선생은 끝까지 나의 재주 없음을 탓하지도 비웃지도 않으셨다. 성에 차지 않은 원고를 읽으랴 적잖이 힘이 드셨겠지만 툭하면 들고 가는 원고를 단 한 번도 싫은 기색 없이 고맙다 받은 후 정독하고 메모하여 막힌 길을 잡아 주셨다. 그리고 그때마다 나는 끊임없이 무엇인가를 쓰고 읽고 머리를 긁적이는 선생의 모습과 마주칠 수 있었다. 선생은 그때 무엇을 하고 계셨을까. 가끔은 소설을 쓰고 있노라고 말하기도 했고, 글이 잘 안 풀려 보고 있는 것이라며 도록(圖錄)을 보여주고는 했다. 선생께서 내미는 도록들은 미술에 문외한인 내게 참 어려운 수수께끼 같았지만 선생의 이런저런 설명을 들어가며 친절하게도 내게 또 다른 세상을 열어 보이셨다. 모르긴 해도 그때마다 선생과 나누었던 이야기들이 내 글쓰기의 뿌리를 튼실하게 키워주는 자양분이 되었다. 참으로 감사드린다.

나는 사람이 못나고 어리석은 탓에 초등학교 시절부터 상이라고는 단 한 번도 타 본 적이 없었다. 하지만 선생께 글을 배울 때 나는 두 번의 상을 탔다. 첫 번째는 서울산업대 신문 학술문학상 응모한 나의 단편 「사랑이란 이름으로 기다림을 만들지 마라」가 당선되어 탄 상이다. 두 번째는 월간문학 신인상에서 역시 나의 단편 「봄볕」이 당선된 덕택이었다. 그때 선생께서는 마치 당신의 일처럼 기뻐하며 수고를 마다않고 상 타는 자리에 직접 참석하여 허투로 남발하는 공치사가 아니라 진심어린 성원과 격려로 축하해 주셨다.

나와 동갑나기인 아내는 나의 학교생활을 그다지 좋아하지 않았다. 아이들 가르치기도 힘겨운 판에 다 늙어 학교라니 기가 막혀 말이 안 나온다고 했다. 거기에다 젊은 아이들과 어울려 허구한 날 술에 절어 다니니 어느 여자가 좋아하랴. 사느니 안 사느니 툭하면 보따리를 싸 들고 친정 나들이로 시위를 했다. 그랬던 아내도 가끔 박정규 선생의 안부를 묻곤 한다. 면식이라야 십 수 년 전 대학로 어느 강당에서 월간 문학 신인상을 탈 때와 첫 번째 소설집을 내고 출판기념회를 하는 자리 두 번 뿐이었을 것 같은데 그럼에도 불구하고 아내가 선생에 게 남다른 기억을 가지고 있는 것은 잘난 것 하나 없는 제 남편을 감싸주고 인정해 주는 선생의 따뜻함이 자기 딴으로도 고마웠던 모양이다. 내친 김에 여기에다 아내의 인사를 함께 전해 드린다.

어떻든 선생께서 기어이 정년을 맞으셨다고 하니 섭섭한 마음 금할 길이 없다. 하지만 반드시 평생 교단에서 후학을 양성하고 글을 쓰며 살아오신 선생의 지난 시간들에 영광이 있으리라 믿어 의심치 않는다.

무엇보다 선생은 언제나 현역이다. 내가 처음 뵈었을 때도 선생은 현역이었고 내가 학교를 떠났을 때도 선생은 현역이며 앞으로도 현역일 터이다. 그랬다. 내가 박정규 선생 정년을 기념하는 산문집 원고를 청탁 받고 마릴린 먼로를 떠올렸던 것은 그녀처럼, 아니 그녀보다 더 아름다운 모습으로 선생은 살고 계시기 때문이었다. 영원한 현역으로 살아가는 선생, 그러니 어느 평자가 선생의 글을 두고 분열된 주체와 새로운 서사 원리를 통해 우리 소설이 지금껏 가지 못한 길을 가고 있다고 하는 것은 결코 과장이 아니다.

함께 도록을 보면서 내가 놓치고 말았던 수많은 이야기들을 가지고 선생은 얼마 전에 『에코르체 혹은 보이지 않는 남자』라는 소설집으로 묶어 놓았다. 미술이 무슨 소설이 되겠느냐는 내 생각이 부끄러워진다.

소설 각각의 제목 밑에 미술가의 작품 기법과 경향을 간략하게 소개하는 글을 보면서 선생의 세계가 무한하다는 것을 나는 알게 되었다. 작품 속 인물들 역시 모두 글이나 그림에 연관된 일에 종사하는 직업을 가지고 있다. 예술 행위와 현실 사이에 놓인 관계, 그것이 둘이 아니고 하나인 것처럼 봄날 황사가 찾아올 때도 꽃이 피는 것처럼, 삶은 언제나 함께 공존한다는 작가의 깨달음이었던 것이다.

사실 따지고 보면 선생의 글은 한창 활동하는 젊은 작가들의 그 어떤 소설 보다 더 파격적이고 실험적이다. 어떻게 그 나이에 저런 글들을 쓸 수 있을까 고개를 갸웃거리다가는 그 놀라운 필력에 부끄러울 따름이다. 그래 이제 선생은 교수라는 이름을 뒤로하고 다시 한국의 위대한 현역 작가의 길을 걷게 될 것이다. 무엇보다 축하드린다.

아울러 살다 보니 나 역시 정년을 3년 남겨두고 있다. 그때 들어 책임져야 할 삶의 무게를 내려놓으면 거치는 것 없이 선생과 어울려 술잔을 기울일 수 있으리. 지금은 오로지 선생의 건강을 소망하는 마음만 간절하다.

봄처럼 그렇게

윤선영 · 극작가

봄의 노래

눈을 감습니다. 가지런히 두 손을 모으고 심호흡을 합니다. 가만히 마음을 가다듬어 봅니다. 순간 하얀 바탕이 너무나도 아득하게만 여겨집니다. 마치 신기루처럼 눈앞에 아련하지만 잡히지 않는 순간의 연속, 문득 떠오르는 얼굴들. 지금 보고 싶은 사람들은 내가 그리워하는 누군가가 아니라 아마도 나를 아프게 만들었던 사람들일 것입니다. 선생님 내게는 그렇습니다. 한번쯤은 가장 사랑했던 사람, 사무치는 그리움에 보고 싶은 얼굴을 떠올릴 법도 한데 이상하게도 연필을 들고 글을 쓰려면 항상 내게 아픔을, 때로는 상처를 주었던 사람들과 기억들이 가장 먼저 떠오릅니다.

상처라는 말, 아픔이라는 말, 슬픔이란 말은 되도록 쓰지 않으려 노력했던 시간들이 있었습니다. 그럴수록 글은 단 한 줄도 나아가지 못했습니다. 한 단어도 한 글자도 온전히 내 것이 되지 못했습니다. 어느 하루는 그렇게 꼬박 썼다 지웠다를 반복하고 어느 하루는 말을 잃어버린 사람처럼 멍하니 멈춰버려야만 했습니다. 그것밖에는 아무것도 할 수 없었습니다. 정지되어있는 것이 최선이 되어 버렸습니다. 철저히 동경했던 글쓰기였고 그토록 애원하던 시간들이었지만 백지 위에서 오로지 내가 할 수 있는 것이라곤 좌절을 넘어선 증오밖엔 없었다고 감히 고백합니다. 그리고 꽤나 긴 시간들은 그렇게 나를 괴롭히곤 했습니다. 쉽게 잠들지 못하는 새벽녘이나 붉은 입맞춤으로 노을이 세상을 물들일 무렵까지 가슴속에서는 무언가 울컥거리는 감정들이 저들끼리 엉켜버리고 말았습니다. 켜켜이 가슴속에서 빗금을 긋는 시간들. 글을 향한 생채기는 그렇게 상처로만 남고 있었습니다. 그렇게 그리워했으면서도 정작 아무것도 적지 못했습니다. 글이 어떤 해원(解冤)을 이루어줄 수 있을거라곤 믿지 않았지만 가까이 가려고 하면 더욱 멀어지는 분명 어떤 이상한 가역반응들로 저를 더욱 괴롭고 힘들게만 만들던 시간이 있었습니다.

시작은 언제쯤이었을까요. 무엇이 처음이었을까요. 나를 드러내지 못한 감정의 절정으로 인해 두려웠던 순간. 한없는 떨림 뒤에 찾아온 이별. 그것들이 남긴 피하고만 싶었던 슬픈 시간들. 돌이켜보면 선생님과의 첫 만남은 그 언저리, 그 즈음이었던 같습니다. 설명할 수 없는 감정들이 이해되지 못한 까닭들이 나를 옮겨둔 곳, 그곳에 내가 있었고 비로소 선생님과의 만남이 이루어졌다고 기억하고 되돌립니다. 그리고 조금씩 열어보인 마음속의 꽃봉오리, 세상살이와 사람들에게 몹시 지쳐있었고 좌절과 방황을 거듭하던 시기였습니다. 그렇게 아득한 시간들이 흘러갔습니다. 외면이, 회피가 정답이 아니라는 것을 알아 차릴때쯤 아마도 그때쯤이었나 봅니다.

봄의 노래처럼 시작된 이천오년 삼월. 교정에는 아직도 찬 기운이 가득한데 가슴만은 만개를 약속한 꽃봉오리들을 쉼 없이 탐하고 있던 때 어쩌면 그때 이미 제 가슴은 설레고 있었는지도 모릅니다. 불완전한 시작이 왠지 모를 설렘이 우리의 인연으로 이어졌고 만남이 시작되고 있었으니까요. 그렇게 그 시간 속에서 다른 성장을 배우고 또다시 깨달음이 기다리고 있었습니다.

"소설을 써보지 그래?" 선생님이 흘려주신 그 말 한마디에 얼마나 용기가 솟았던지요. 그런 설렘을 이렇게도 비유할 수 있을까요. 다시 봄. 일 년을 기다려 대를 키우고 줄기를 단단히 만든 꽃들이 처음 꽃봉오리를 터트리는 순간에 견줄 수 있을까요. 그랬습니다. 가슴에선 나도 모를 탄성이 마구 쏟아져 나왔습니다. 죽어있고 멈춰있던 모든 것에 생기가 돌았습니다. 마이더스가 만진 것들이 황금으로 변했듯이 선생님의 한마디에 내 심장은 이미 황금덩어리로 찬란한 빛을 품고 두근거리며 뛰고 있었는지도 모릅니다.

마음 먹었습니다. 그리고 결심했습니다. 글을 쓰리라. 소설을 써보리라. 이천육년의 어느 봄날 봉선사 숲 속에서 춘원을 떠올리고는 더욱 그러하였습니다. 그렇게 생각은 선생님에게서 춘원으로 옮아갑니다.

봄의 기억

당신을 무던히도 기억하려는 애쓴 마음을 안고 이 편지를 씁니다. 사월의 봄바람은 솔밭 사이에서 그 향기를 쉽게 잃어버리고 있습니다. 나는 지금 단종의 비, 정순왕후(定順王后, 1440~1521)가 묻힌 사릉(思陵). 생각하는 언덕께에서 이 글을 올리고 있습니다. 다시 한번 말하지만 당신은 아주 많이 잊혀진 존재였으므로 나는 기억해야 하고 떠올려야 하며 생각해야만 합니다. 이것이 모두 당신을 향한 온전한 말걸기이며 나의 관심이고 당신을 향한 추모이자 한편으론 동경이며 씁쓸한 편린에 다름 아니기 때문입니다.

당신이 계셨던 곳의 발자취를 떠올리면서 나는 문득 행복한 사람임을 깨달았습니다. 그 누구보다도 당신의 흔적과 움직임이 묻어 있는 곳과 아주 가깝게 살고 있기 때문이지요. 생각하는 언덕이 내려다보이는 내 방의 책상도 그런 까닭에 내가 사랑하는 공간이기도 합니다. 그러니까 그때, 당신이 살아계셨던 그 오래된 과거. 다름 아닌 당신이 이곳에 살고 있었다는 사실을 알게 되었을 때 나는 무척 기쁘고 한없이 설레였으며 또한 자랑스러웠습니다.

내가 밟고 있는 땅, 숨 쉬는 공기를 조금은 추억할 수 있는 낯설지 않은 반가운 존재를 발견하게 된 기분이라고나 할까요. 1945년 팔월의 여름을 그려봅니다. 이 생각하는 언덕 어느 곳에선가 당신은 접했겠지요. 문득 궁금해집니다. 간절히도 기다리던 소식을. 그토록 겨레가 염원하던 조국이 해방을 맞았다는 소식을 들으셨을 때 당신의 마음은 어딘가를 향하고 계셨나요. 춘원. 아마 당신도 분명 기뻐하셨겠지요. 조국의 해방을, 독립을…… 아니라면 당신이 꿈꾸던 조국은 어디에 있었는지 간절히 말해 주시기를 바라는 마음이지만, 지금 당신은 여기 없는 사람. 나는 그저 막연하게 그려볼 수 밖엔 없습니다. 당신도 충분히 기뻐하고 놀라워하지 않으셨을까요. 나는 지금 당신이 해방을 맞았던 순간에 계셨던 그 현재 속에 영원히 살고 있습니다. 물론 대한민국은 자주 독립 국가의 모습 그대로이고요. 그런데 만약 조국해방이 없었더라면 지금의 당신은 어떤 모습이었을까요. 대애국주의 민족작가가 되어 있었을까요. 대한민국 근대화 발전에 지대한 영향을 끼친 선각자가 되셨을지도 모를일이지요. 천지에 꽃들이 피어나는 사월인데도 이 생각하는 언덕께의 바람은 아직도 많이 찹니다. 둘러보면 소나무 굽은 가지들만 굴곡져 있는 이곳의 사월은 아직도 찬 기운이 짙습니다. 그때도 그러하셨나요. 당신이 차마 상상하지 못한 마음속에 있던 조국이 그 벅찬 순간을 맞았을때 당신의 희열이 이 언덕의 바람으로 녹아 이렇게 습습하고 차갑게만 불어오는 것은 아닌지 나는 마냥 의심스럽습니다.

춘원. 당신의 이름을 아름다운 한국어 세 글자로만 오로지 기억하겠습니다. 사릉이라는 이름을 가진 이 언덕에서는 더욱 말이지요. 단종을 향하는 오롯한 마음이 오직 생각하고 생각하는 바람으로만 맺혀있는 이 언덕께에서는 생각을 다잡아야하는 이상한 기운들이 흐르는듯 싶습니다. 혹시 당신도 그런 비슷한 느낌을 받으셨다면 한번쯤은 사랑하는 조국을 생각하고 있지는 않았을까요. 아니 그전에 당신의 손끝을 타고 흐르던 그 아름다운 글들을 생각하셨겠지요. 나는 그렇게 믿고 또 마음 먹습니다.

한 생각이 다른 생각을 모으고 불러일으키며 잔잔한 파문을 일으키는 생각의 꼬리물기가 가능해지는 이 언덕을 나는 좋아합니다. 스무

살 무렵 이 마을에 살기 시작하면서부터 생기게 된 버릇인지도 모르겠습니다. 거슬러 올라 육십년 전의 어느 날 당신도 그러하셨을지 모를 일이지요. 이 바람이, 이 언덕이 마냥 좋아지는 까닭입니다. 그리고 당신의 육십년을 지나쳐 더 거슬러 올라 오백년 전의 어느 구름위에 다다릅니다. 그곳에는 단종의 어린 비(妃)가 늙음으로 누워있습니다. 영도교(永渡橋)에서 이별한 뒤 다시는 만나지 못할 인연입니다. 이것 역시 단종의 애사(哀史)겠지요. 그곳에서 부는 바람이 서러워 유독 차가운 솔숲 사이로 스치는 소나무가지 소리는 마냥 서럽게 흐느끼는 것만 같습니다. 머나먼 길에 고운 님 여의옵고 십칠 세의 소년왕을 그리워하던 어린 비는 쉬이 늙어 이렇게 죽어서도 멀리 외따로 누워 잠을 자고 있습니다. 그리하여 영면하지 못한 슬픔은 이렇게 소나무 가지만 처량하게 흔들고 마는가 봅니다. 몇 해 전 영월, 어린 소년왕이 묻힌 그 무덤 곁에서 이곳 사릉을 생각했던 적이 있습니다. 둘은 만나 다시 해로해야 합니다. 그랬으면 좋겠습니다. 잊혀진 것은 멀어질수록 그 마음을, 뜻을 헤아리기 어려울 수도 있다는 애원 때문입니다. 그 둘은 죽음 이후에도 해원하지 못하는 것일까요. 단종을 따라 걷던 영월의 청령포에서 장릉까지 나의 걸음은 의문으로 가득찼고 단종애사는 더더욱 슬픈 울림만을 낳았습니다.

당신도 그러하실 수 있었으면 좋겠습니다. 그리하여 역사의 애증 속에서 영면하지 못하는 것이 아니라 근대문학의 선구자로 다시 만날 수 있기를 나는 빌고 또 소망합니다.

당신의 걸음걸음이 멈춰졌던 광릉숲의 봉선사 풍경소리와 한 많은 사연처럼 굽이 굽이진 소나무 등걸의 골골 가지가지 사이의 바람을 느끼며 당신을 놓아주고 다시 한 번 깊이 간직하려 합니다.

당신이 기억되어야 하고 다시 숨 쉬어야만 하는 이유를 아는 탓에 그렇게 다시 태어나기를. 그리하여 우리가 오직 한사람의 문인으로만 당신을 온전히 기억되기를 간절히 바라고 바랍니다.

봄의 떨림

여름이 시작되려던 봄의 끝자락, 그러니까 여름방학이 막 시작되었고 아카시아와 라일락의 향내도 이제 그쳐가던 때. 이른 아침, 전화 한 통에 눈을 비빕니다. 아, 어쩌면 이 시간은 이른 아침이 아닌지도 모르겠습니다. 나는 지금 눈을 떴을 뿐이니까요. 쉼 없이 울리는 멜로디 사이로 손을 뻗어 전화기를 찾아봅니다. 더듬거리며 생각합니다. 도대체 지금은 몇 시쯤일까. 창밖이 환하니 이미 아침이 훌쩍 지났는지도…… 시계를 확인할 새도 없이 전화기를 찾아 귀에 가져다댑니다. '여보세요'란 말이 끝나기도 전에 낯선 목소리가 먼저 인사합니다.

"선영이니?"

"네, 네 맞는데요."

"어, 나다."

나? 눈을 번쩍 뜹니다. 누구더라? 나가 누구더라? 순간 잠이 덜 깬 뇌 속에서는 필름이 펼쳐집니다. 반사작용이 이뤄집니다. 나를 알고 있는 '나'라고 말할 수 있는 사람들의 얼굴을 빠르게 펼쳐보고 되감아봅니다. 목소리는 다음의 대답을 기다리고 있습니다. 남자. 그리고 약간은 차분하고 조용한. 아 그리고 이 목소리는 잠결에는 더더욱 익숙하지 않다는 것까지. 현재로써 헤아릴 수 있는 단서는 이것이 전부였습니다. 그래서 '나'라는 사람의 목소리는 너무나 낯설기만 합니다. 그러나 이 목소리는 나를 알고 있습니다. 전혀 어색해하지 않습니다. 그리고 가만히 생각해보니 나를 부르는 목소리에는 반가워하기도 한 억양이 조금 숨겨져 있던 듯도 싶습니다. 이번에는 내 차례, 나는 대답해줘야 합니다. 그러나 쉽지 않습니다. 수수께끼처럼 '나'라는 사람을 맞춰야 합니다. 나를 알고 있는 이 '나'라는 사람은 정말 누굴까? 순간 조바심에 지친 '나'라는 사람이 먼저 고맙게도 답을 합니다.

"박정규다."

아뿔싸. 선생님. 이른 아침에 단잠을 깨우는 연인처럼 전화를 주시다니요. 머릿속이 복잡해졌습니다. 선생님은 왜 내게 전화를 주셨을까. 그것도 수업도 없는 여름방학 아침에. 무슨 과제라도 따로 내어주시려나. 제자라는 처지는 늘 스승 앞에서는 부족한 것들만 먼저 떠오르게 마련인가 봅니다. '안녕하세요'란 어색한 인사를 재빠르게 내뱉고는 벌떡 일어나 자세를 고쳐 앉아봅니다.

"너, 뭐 냈더라?"

"네? 뭐를 내다니요?"

아, 이 아둔한 대화는 괴상하게도 풀리지 않고 더 꼬여버립니다. 하나의 수수께끼를 풀었는데 다시 첩첩산중에 갇혀버렸습니다. 산으로 산으로만 가고 있습니다. 나를 아는 '나', 다시 말해 나의 스승 박정규 선생님은 나의 다른 것도 잘 알고만 계신듯 보입니다. 잘못이 무엇일까. 실수한 일이라도 있을까. 머릿속에서는 간신히 짝을 찾아 맞춰져가던 퍼즐조각들이 다시 분해되어 버렸습니다. 이제 선생님의 숨소리로만 채워지는 수화기 너머의 간극은 '네 죄를 모두 알고 있으니 빨리 고하라'는 채근으로도 여겨집니다.

"……"

"제, 제가 뭐를 냈어요?"

아, 모르겠습니다. 모르겠습니다. 도무지 모르겠습니다. 모를 땐 물어봐야합니다. 그래야 조금이라도 답을 빨리 구할 수 있습니다. 그것이 지름길입니다. 꼬이는 수학문제도 주제를 찾기 힘든 국어문제도 그렇게 배우고 자라왔습니다. 묻는 방법만이 지름길입니다.

"독후감 네가 낸 거 아냐?"

아, 이제는 그만 헤매야겠습니다. 그럴 수 있을 것만 같습니다. 순전히 남의 도움으로 지름길을 찾아놓고는 이제야 큰소리를 칩니다. 어눌한 모험가는 스스로의 힘으로 신대륙을 발견하기라도 한 듯 큰소리로 외치고 싶었습니다. 독후감. 맞습니다. 냈습니다. 제가 냈습니다. 제가 독후감을 냈습니다. 우수문학도서에 선생님 장편소설이 있길래, 독후감을 응모하길래 냈습니다. 제가 한 일은 알고 있는 사실은 거기까지가 끝이었습니다. 그런데 그게 어떻게 된거지?

"그거 뽑혔드라고."

아, 그랬구나. 모험가는 드디어 신대륙의 새 깃발을 처녀지에 힘차게 꼽기라도 할 기세입니다. 그런데 갑자기 하품이 밀려 나옵니다. '감사합니다'란 말을 내뱉을 무렵, 수화기 너머에서 내 마음을 읽기라도 한 듯 한마디가 번져 나옵니다.

"그랬다고, 고맙다."

"네, 아, 네, 그랬네요."

그랬네요, 라니. 이 웬 어처구니없는 대답입니까. 사실 묻고 싶었던 건 따로 있었건만.

"그래 알았다."

"네, 그럼 안녕히 계세요."

꿈인가, 생시인가, 긴장이 풀린 간극, 급작스런 졸음이 그 틈새로 밀려오는 사이, 나는 다시 눈을 감고 생각에 잠겨봅니다. 사실 그때 내 머릿속에서 간절히 궁금했던 것은 수상내역, 순위, 뭐 이딴 것들이었습니다. 일등 문화상품권 백만 원이 눈앞에 아른거리기도 했습니다. 아, 그걸 받으면 다 어디에 써야하나. 무슨 책으로 바꾸지? 분명 선생님 소설로 일등을 먹었으니 선생님도 기쁨을 감추지 못하고 아침 일찍부터 전화를 주신게 분명할거야. 그러니 추측 따윈 필요 없을겁니다. 그래도

실은 용감하게 몇 등 한거래요? 라고까지 물을 뻔뻔함이 없었던 것은 아니지만, 무뚝뚝하면서도 수줍은 듯 짧은 몇 마디만 던지고 전화를 먼저 끊은 쪽은 분명히 선생님이었으니까. 그렇다고 거기에서 아, 선생님 잠깐만 그러니까…… 해버리기에는 뭔가 어색하잖습니까? 하하.

그래서 어떻게 됐냐고요?

참가상은 문화상품권 두 장이었습니다.

그러니까 선생님, 이제야 고백합니다. 일등 상금 백만 원에 눈이 멀었던 것. 스승의 소설로 한몫 건져보려고 했던 이 가난한 제자를 부디 용서해주세요.

봄의 흔적

상처는 치유를 목적으로 가해지는 행위일지도 모릅니다. 상처는 스스로 원치 않았으나 외부적 환경에 의해 발생되기 때문이지요. 상처가 치유되려면 짓이겨지고 새살이 나기 위해 딱지가 내려앉는 과정의 시간이 반드시 필요합니다. 치유는 시간을 필요로 하며 그 과정은 치유가 되는 흔적이며 그것은 훗날 잊혀지지 않는 결과로 남고 맙니다. 하지만 자의적인 동기가 없더라도 어떤 상처는 스스로의 간절한 바람으로 생성되기도 합니다. 누구나 상처를 원하지는 않지만 모두가 상처를 외면할 수는 없습니다. 그것이 살아가는 이유이고 또한 그런 아픔을 통해 우리는 어떤 깨달음을 얻기 때문이지요.

사람과 사람이 스쳐가면서 내는 상처, 역사가 개인에게 씌우는 더께 같은 상처, 끊임없이 고뇌하는 내적자아와 행동하는 용기가 결여된 외적자아가 부딪히면서 내는 상처, 세월이 사람에게 주는 이해를 필요로 하는 오해 같은 상처, 진실이 은폐되고 거짓이 객관적 사실로 인식되면서 생기는 상처, '흔적' 속에는 이처럼 상처로 얼룩진 사람들의 이야기로 내 안의 상처를 흔드는 파장이 가득합니다.

선생님의 소설을 보며 마음을 들킨 것 같아 괜시리 겨드랑이께가 저릿했습니다.

주인공인 강정혁은 사회와 가정이라는 굴레에 얽매여 있었지요. 그는 어쩌면 종속된 삶에서 자유라는 것을 처음부터 상실해 버린 사람인지도 모릅니다. 혈연이라는 인연치고는 질긴 아버지와 조부의 삶의 여파가 그의 삶 일부도 구속해버렸습니다. 그리하여 현재 자신에게 남은 것은 끊임없이 고뇌라는 줄타기를 하는 것뿐입니다. 이 세상에 고뇌하지 않는 인간이 있을까요. 하지만 강정혁에겐 유독 그 고뇌의 진동이 심합니다. 15세란 나이에 조실부모하고 그의 장인이 되는 이의 손에 자라면서 그는 자신의 선택보다는 타인의 선택에 먼저 이끌리게 되는 삶을 살게 됩니다. 장인이 아나키스트인 그의 조부와 잊지 못할 인연의 보답을 위해서 남은 인연들에 충실하듯 그도 장일호 가족과 연을 맺으며 아내를 얻습니다. 그러나 이내 아내와 사별하고 피 한 방울 섞이지 않은 아내의 동생인 혜인과 또 선택의 자유가 상실된 연을 맺게 됩니다.

강정혁을 사랑하는 자신의 속마음을 고백하지 못하나 스스로의 행동으로 표출하고야 마는 발랄한 여성 장혜인. 자신의 인생에 숨겨진 비밀은 알지 못하나 숙명처럼 형부인 강정혁에게 집착하는 성향이 강하지요. 사랑하는 것이 어느 순간 집착이 되어버리면 자신도 주체할 수 없는 힘을 발휘하는 걸까요 제도도 관습도 사랑이라는 미명 아래 모든 것이 묵인될 수 있을 거라 믿는 힘이 그녀에게는 숨어있는 것만 같습니다.

자신의 지난 이야기를 차근차근 말할 수 있던 아내, 그 아내처럼 죽었다고 믿어야 하는 강정혁의 두 번째 여인 송지연. 섬세하고 여리지만 자신의 주장은 곧게 펼칠 줄 알지만 고뇌하는 모습은 어딘가 강정혁의 내면을 닮아 있습니다. 그러나 그녀의 결심은 늘 곧고 분명했으며 세상 모든 이들의 업보를 대신 구원받기라도 하듯 불교에 귀의하게 되지요. 혜인의 마음을 이미 알아차리고 그녀가 단념한 것은 아닐까요. 여리고 여린 여성상, 늘 상처에 익숙하고 강한 그녀의 마음을 위로하고 싶게 만드는 것은 송지연만의 매력인지도 모릅니다.

『흔적』을 읽는 동안 수확이 있었다면 이야기의 또 다른 축에서 알지 못한 새로운 사실에 대한 명상이 가능했다는 것입니다. 역사가 감춰온 것, 아직도 우리가 알아야 함에도 알지 못한 진실은 산재하고 그것이 숨겨진 역사의 문제일 경우 더욱 심각한 것이라고. 한 개인의 삶을 추대할 것인지 말살할 것인지. 훗날 역사가 심판하겠다는 이야기는 틀린 말은 아닙니다. 하지만 그 역사가 끝까지 드러내지 못하고 숨겨지고 왜곡된 상태라면 그 심판은 제대로 된 판결을 가져다 줄 수 없을 것입니다. 필요한 치유와 온전한 치유만이 상처를 달래줄 수 있는 최선의 방법일 것입니다. 좋은 소설은 마지막 책장을 덮고 난 뒤에 스스로에게 질문을 던지고 생각하게 만드는 어딘가 가슴이 아린 소설이 아닐까요. 『흔적』은 마치 그런 흔적을 아주 오래 아로새길 줄 아는 소설같았습니다.

봄의 고백

다시 마음을 가다듬어 봅니다. 익숙한 풍경이 주는 아름다움이 있지요. 인사대 이층 연구실 문을 열고 들어서면 항상 그 자리에 계셨던 그 그림자가 때로는 문득문득 그리워질테지만 영원한 것은 아무것도 없다는 진리에 다시 한 번 마음을 걸어봅니다.

선생님을 생각하면 나는 봄이 가장 먼저 떠오릅니다. 봄이 생각납니다. 선생님과의 인연은 봄입니다. 천지의 생명이 간지러워서 견딜 수 없고 무언가 시작하지 않으면 버틸 수 없는 그런 봄의 기운이 봄의 시작이 자꾸만 쓰고 싶고 생각하게 만드니까요.

그래서 조심스레 다짐해 봅니다. 텅 빈 바탕위에서 늘 침전하고 홀로 고뇌해야하는 것이 운명이라면 이제는 받아들이려 합니다. 부정하고 외면하고 아무렇게나 내버려두었던 감정들이 한꺼번에 공격해오는 이 침략의 정법을 더 이상은 내 것이 아닌 듯 모른척 외면하지 않겠습니다. 나는 모르는 내가 나를 한없이 흔들고 조정할 때 그 순간에만 온전히 살아있음을 깨닫는 찰나, 섬광처럼 깨달 수 있도록 살겠습니다. 그리고 망설이지 않고 꿋꿋하게 쓰겠습니다. 나아가겠습니다.

숨은 시간은 차디찬 겨울의 시간입니다. 홀로 침전하는 외로움의 순간은 얼음처럼 날카로우며 무겁고 또 한없이 쓸쓸하기만 합니다. 상처라는 말, 슬픔이라는 말, 아픔이라는 말을 다시 한 번 떠올려봅니다. 어쩌면 봄은 그 모든 말들을 품고 있는 아픈 기운인지도 모르겠습니다. 그래서 얼음이 녹고 생명의 기운이 가득차는 또 한 번의 봄이 기다려지는 까닭입니다. 봄에는 그런 생각뿐입니다. 좋은 글을 쓰는 작가가 되기보다는 나의 글을 쓰는 사람이고 싶습니다. 감히 다짐하고 맹세해봅니다. 선생님 부끄럽지만 이제는 보여드리려 합니다. 그렇게 선생님을 추억하고 기억하고 그리고 다시 되새길줄 아는 제자가 되고 싶습니다.

말을 잃어버린 사람처럼 살아온 시간들,
글을 모르는 사람처럼 침묵하던 순간들,
가슴속에 담긴 말들을 생각들을 수줍게 꺼내려 합니다.
대지위에 새싹을, 가지 끝에 매달린 솜털을 밀어내듯
봄처럼 그렇게

사소하고 짧은 소화(笑話)

이병일 · 시인/극작가

포송룡의 『요재지이』를 읽다보면 책벌레 이야기가 나온다. 포송룡은 영화 <천녀유혼>의 원작 작가로 유명하다. 이야기 끝에는 때때로, '이사씨는 말한다'며 자신의 장관사설을 늘어놓는다. 그걸 읽는 재미가 또 대단하다.

그런데 사실 <천녀유혼>이라는 것은 매우 짧고 간결한 여우의 이야기에 지나지 않는다. 그것이 어찌하여 그리 아름답고 멋진 사랑이야기로 변할 수 있었을까? 왕조연의 아름답고 이채로운 얼굴.

이야기가 산으로 흘렀다. 그냥 술자리에서 흘러나오는 사소하고 짧은 이야기들이라고 생각하면 나쁠 것도 없다. 생각해보니 선생님과의 수업 시간이 늘 이런 식이었다. 선생님은 수업 시간마다 원고지를 학생들에게 내밀었다. 도무지 무얼 하라는 뜻인지. 석가가 꽃을 들었으나 제자들은 미련해서 웃지 못했다. 그 이야기는 다시 하기로 하고, 기왕에 풀어놓은 포송룡의 책벌레부터 이야기해야겠다.

어느 선비가 책 속에 사는 작은 벌레와 친구가 된다. 이 책 저 책을 옮겨다니며 사는 책벌레는 똑똑하기가 하늘을 덮는다. 선비에게는 좋은 친구가 될 충분한 자격이 있다. 그런데 이 놈이 거만 역시 하늘을 덮는다. 벌레 주제에 선비가 번번이 떨어지는 과거에 응시해서 합격을 하겠노라고 장담한다. 그러나 세상은 벌레가 본 책 속의 세상과는 다르다. 사람으로 변해 과거에 응시한 책벌레는 낙방을 하고 벽에 머리를 들이박고 자살을 한다.

우스꽝스럽고 재미난 이야기다. 하지만 난 책벌레 이야기를 들으며 결코 웃을 수만은 없었다. 책 속에 파묻혀 살아가다가 세상과의 소통에 실패하고 스스로 죽음을 택한 작은 책벌레.

나는 과연 책 속에 살 수 있을까?

책 속에 잠들던 시절

돌이켜보면 내게도 책 속의 날들이 있었다. 대학 시절이었다. 책만 읽어도 배가 부르던 곳, 지하철을 타면 7호선 공릉역에서 내려야 한다. 그곳으로부터 10분이나 20분쯤, 서울이라고 하지만 아직은 고즈넉한 길을 걷다보면 학교가 나온다. 그런데도 우리는 늘 게으름이라는 병 때문에 지하철에서 내려 마을버스나 통학버스를 타야 했다.

정문에서 인문관으로 가는 길에는 플라타너스가 바람을 노래했다. 때때로 수업에 들어가기 싫으면 그 어느 곳 잔디에 앉아 막걸리를 마시고는 했다. 그때 우리를 견디는 것은 손 안에 들려 있는 작은 책 한 권이 아니었을까?

시인이 되고 싶었던 나는 거의 시집을 끼고 다니고는 했는데 그래도 젊은 혈기에 욕심이 있어 소설도 쓰고, 희곡도 쓰고 싶었다.

기형도, 신경숙, 이만희, 입센, 도스토예프스키, 카프카, 박노갑, 염상섭, 임철우, 오규원, 이사라, 제인 오스틴, 황석영, 김남주, 마르케스, 세익

스피어, 엘리엇, 아도니스, 이태준, 위화, 윤동주, 그런 이름들 속에 파묻혀 있는 것은 행복했다. 그들의 책 속에서 잠들던 시절, 그래, 어쩌면 내가 문득 학교라는 울타리 밖으로 던져졌다면 나도 『요재지이』에 나오는 책벌레처럼 삶을 마감했을지도 몰랐다. 내 세상의 끝은, 내 세상의 시작은 그러므로, 책이었고 학교였다.

문학, 아름다운 여행

수업 가운데 문학현장답사라는 수업이 있었다. 아마도 대학교 4학년 1학기였을 것이다.

우리는 강으로 산으로 풍경의 눈동자가 있는 곳으로 돌아다녔다. 그리고 마지막에는 학우들이 모두 모여 문학기행을 떠난다. 흔들리는 버스 차장에 비친 얼굴들은 지금 무얼하고 있을까?

문학기행은 설레고 행복한 여행이다. 그러나 출발하는 버스에 올라 그때 나는 잠시 가슴이 먹먹해 왔다.

가슴이 먹먹해 와서 견디지 못하고 옆에 앉은 김×철에게 조태일 선생의 시 한 편을 들려주었다.

오월은 온몸을 던져 일으켜세우는 달.

푸르름 속의 눈물이거나
눈물 속에 흐르는 강물까지,
벼랑 끝 모진 비바람으로
쓰러져 떨고 있는 들꽃까지,

오월은 고개를 숙여 잊혀진 것들을 노래하는 달.

햇무리, 달무리, 별무리 속의 숨결이거나
숨결 속에 사는 오월의 죽음까지,
우리들 부모 허리 굽혀 지켰던 논밭의 씨앗까지.

오월은 가슴을 풀어 너나없이 껴안는 달.

저 무등산의 푸짐한 허리까지
저 금남로까지
저 망월동의 오월의
무덤 속 고요함까지.

오월은 일으켜세우는 달.
오월은 노래하는 달
오월은 껴안는 달

광주에서 세상 끝까지
땅에서 하늘 끝까지

광주로 떠나는 길 때문만은 아니었다. 돌아보니 우리의 여행은 그래, 때때로 아픔을 안고 떠나는 여행이었다. 그러므로 광주로 가는 길, 우리가 아픔이라고 부르기에도 가당치 않은 저 형벌의 시간 속으로 들어가는 길이었다. 그나마 우리의 여행이 5월이 아닌 것이 천만다행이라고 애써 먹먹한 가슴을 달랬다.

김×철의 맥주캔에 담긴 맥주처럼 흔들리는 목소리가 들렸다. 답시였다.

막차는 좀처럼 오지 않았다
대합실 밖에는 밤새 송이눈이 쌓이고
흰 보라 수수꽃 눈시린 유리창마다
톱밥난로가 지펴지고 있었다
그믐처럼 몇은 졸고
몇은 감기에 쿨럭이고
그리웠던 순간들을 생각하며 나는
한줌의 톱밥을 불빛 속에 던져 주었다
내면 깊숙히 할 말들은 가득해도
청색의 손바닥을 불빛 속에 적셔두고

모두들 아무 말도 하지 않았다
산다는 것이 때론 술에 취한 듯
한 두릅의 굴비 한 광주리의 사과를
만지작거리며 귀향하는 기분으로
침묵해야 한다는 것을
모두들 알고 있었다
오래 앓은 기침소리와
쓴 약 같은 입술 담배 연기 속에서
싸륵싸륵 눈꽃은 쌓이고
그래 지금은 모두들
눈꽃의 화음에 귀를 적신다
자정 넘으면
낯설음도 뼈 아픔도 다 설원인데
단풍잎 같은 몇 잎의 차창을 달고
밤열차는 또 어디로 흘러 가는지
그리웠던 순간들을 호명하며 나는
한줌의 눈물을 불빛 속에 던져 주었다.

내 먹먹한 마음을 알고 있기라도 한 듯 시를 건네는 학우에게서 그래 아름다움이란 함께 어울리는 것이라는 작은 깨달음을 얻은 것도 학교였다.

1차 목적지인 무주에 우리는 내려졌다. 숲속에 위치한 방들이어서 숲의 향기가 가득했다. 그 향기가 하도 아름다워 그대로 잠들지 못하고 밤고양이처럼 길을 나섰다. 새벽이어서 하늘에는 마땅히 별이 총총 빛나고 있었다. 별빛을 온몸으로 받으며 숲길을 걷는 마음, 수억 광년을 거슬러 온 저 별빛 속에는 얼마나 많은 그리움이 담겨 있을까, 생각하며 나는 그리운 이름들을 하나둘 불러보았다. 그것은 마치 별 하나에 사랑과 별 하나에 시와…… 별 하나에 또 다른 이름을 부르기도 전에 그러나 저 앞에 오아시스처럼, 아니 21세기의 오아시스가 되어버린 편의점이 나타났다. 위대한 자본주의에 감사하며 맥주와 소주와 라면과 즉석 동태탕을 사들고 돌아와 늦은 술자리를 벌였다. 술자리에 앉아서야 겨우 사람들과 친해질 수 있었던 것은 참으로 감사한 일이 아닐 수 없다. 야간과 주간이라는 간극으로 가까울 수 없었던 사람들이 겨우 문창과라는 이름 아래 그렇게 아주 조금 가까워졌다.

이내 새벽이 몰려 왔다.

문학의 향기를 더듬던……

세상의 모든 통로는 거미줄처럼 얽혀있다.

문학기행의 기억은 다시 한 번 학교의 어느 모퉁이로 나를 안내한다. 혹은 선생님과 함께 거닐며 들었던 봉선사 낮은 풍경소리. 우리는 광릉수목원이 있는 국도를 달렸다. 나무들의 초록빛들이 길을 환하게 열어주고 있었다. 그때 차갑게 빛나고 달콤한 공기를 마음껏 마실 수가 있었다. 어제까지만 해도 진눈깨비가 봄을 시기하고 있었는데, 막 생명이 태어난 들녘은 풍경의 윤곽을 잡혀나가는 듯했다. 두통이 심했던 하늘도 그날은 적나라하게 맑게 웃고 있었다.

봉선사, 한글로 절 이름을 쓰고 모든 현판을 한글로 쓴 아름다운 절.

그곳의 풍경소리는 고적했다. 아니 귓속의 공명판을 두들겨 패서 정신을 맑게 해주고 있었다. 대웅전이 아담했다. 연못은 청개구리의 낮잠처럼 고요하게 눈을 끔벅끔벅거리고 있었다. 그곳에서 선생님이 우리를 기다리고 있었다. 날씨가 변덕스러운 초봄이었을 것이다. 벚꽃망울이 산달이 가까워오는 개의 젖꼭지 만하게 붉어지고 있을 때였다. 하지만 우리들은 봄나들이에 신이나 있었다. 들녘의 아지랑이 속에서 피어나는 쑥 향기를 맛보는 듯했다.

춘원 이광수에 대하여, 아니 이곳에 은거했던 한 작가에 대하여, 비석에 새겨져있는 그의 삶에 대하여, 설명을 하시는 선생님의 말소리조차 봄날 핀 한 송이 꽃처럼 아름답던 날, 그래서일까, 선생님의 말씀을 들으면서도 마음만은 딴 곳으로 향하고 있었는지도 모른다.

절집의 풍경들이 우리를 잡아당기고 있었던 것이다. 그걸 알고 계시는지 선생님은 우리에게 자유롭게 뛰놀 수 있는 시간을 주셨다. 절과 뜰아래 근처를 돌아보고 오라는 거였다. 나는 문풍지에 설핏 비친 햇살에 춘원이 책 읽는 모습을 떠올렸다. 다소곳이 어룽거리는 그의 모습 속에서 그의 소설의 내용을 생각해보았다. 한 역사가 내 몸속으로 들어온 거였다. 봉선사, 이곳은 춘원이 은거했던 곳이다. 춘원의 소개를 받고 최서해가 잠시 머물렀던 곳이기도 했다. 그러므로 우리는 박정규 선생님을 통해 춘원의 도도했던 문학의 향기와 서해의 처절했던 외침을 모두 경험할 수 있었다. 거미줄처럼 얽혀 있는 세상의 통로, 문학현장답사 수업은 그 통로를 찾아가는 재미가 아주 솔솔했다.

절집 계단을 오르는 나, 절집 계단을 오르는 춘원. 춘원도 이 계단을 오르내리면서 어떤 사유를 했을 터였다. 글을 떠올리다가 잠시 딴 생각을 하기도 했을 것이다. 떠가는 매지구름을 보며 그리움에 속울음을 삼키기도 했을 것이다.

나는 풍경을 삼키고 이 절의 체취를 삼키고 급기야 커다란 덩어리 같은 뜨거운 미학을 삼켰다.

좋은 글, 쓰기의 힘

좋은 글을 쓰기 위해서는 미적 체험이 가장 중요하다. 그것은 시를 쓸 때에도 그렇고 소설과 희곡 역시 그렇다. 그 체험학습이 내게 시적인 이미지와 서정의 미학을 많이 알게 해주었다고 생각한다. 수업이라는 것은 우리가 선생님께 배우는 게 아니다. 그것은 선생님이 가지고 있는 어떤 철학 하나를 끄집어내서 그걸 우리들이 내면화시키는 것이다. 말하자면 선생님은 우리들의 문학의 길잡이일 뿐이고, 우리들이 몸으로써 느끼고 가슴으로써 대상을 느끼게 해주는 안내자인 것이다. 그날의 선생님은 우리에게 문학의 이정표를 세워주고 그 길을 가는데 책속에 오솔길 하나 열어주신 거였다. 하여 우리는 그 안에서 스스로 터득한 자신만의 감성을 글로써 표현하라는 작은 성찰 하나를 얻었다. 내가 만약 문단에 데뷔를 하지 못했다면, 그것을 미처 알지 못했으리라.

시인으로 극작가로 활동을 하다보니까, 다시 학교생활로 돌아가고 싶은 생각이 가끔 든다. 철없이 지냈던 그때가 그리운 거다. 선생님의 수업시간은 특별했다. 매 수업시간마다 우리들에게 원고지를 들이밀었다.

"뭐지? 수업시간에 쓰라는 것인가?"

우리는 별 대수롭지 않게 생각했던 것인데, 그것은 평상시에 원고지를 두려워하지 말라고 하는 선생님의 마음이었고, 즉흥적으로 재치 있는 이야기들을 얼마나 잘 엮고 낼 수 있는지 우리들의 글 솜씨를 가늠해보기 위한 것이었다. 그건 끊임없이 평소에 문학에 열중하자고 하는 기본적인 마음가짐을 알려주신 거였다.

작가는 때와 장소를 가지고 않고 종이와 펜만 있으면 어디서든 영감을 얻어 자신만의 글을 만들어야 한다. 자신만의 언어의 집을 얻기 위해선 뜨거운 필력이 있어야만 가능하리라. 그때의 선생님은 우리들의 첫 숨, 문학의 첫 주춧돌이 원고지 안에 들어있음을 알려주었던 것이다. 그런 선생님이 정든 교정을 떠나신다고 하니, 마음 한곳이 허전하다. 수업시간에 합평도 하고 기성작가들의 소설도 읽는 것도 좋았지만 정작 좋았던 것은 그 작문시간이었던 같다. 그때가 아니고서야 우리들이 원고지 안에 갇혀, 고된 창작의 즐거움을 알았을까. 그건 하나의 사건이다. 필력을 키워내고야 말겠다는 선생님의 작은 선물이라고 해두자. 시간이 흘러가고, 우리는 언제 그랬냐는 듯 마음이 성숙한 어른이 되었다. 철이 들었다고 하는 말은 누군가 떠나야만 깨우칠 수가 있다. 이글을 쓰는데 갑자기 나 자신이 부끄러워진다. 정겨운 그 선생님의 말 한마디에 담긴 선생님의 가르침을 이제야 알게 되었으니까. 학창시절에는 우리들이 책속에 잠들던 시절이었는데, 그때의 추억이 잠시 나의 기억을 흔들어 깨운다.

존경과 감사를 담아서

대학원 조교를 한 적이 있다. 상수리 알들이 톡톡 빗소리를 내며 떨어지는 늦가을이었다. 문득 선생님의 연구실에 들어간 적이 있다. 그날도 선생님께서는 학생들의 졸업원고를 들여다보시고 있었다. 열정이 넘치신 거다. 가끔은 학교식당에서 점심을 사주신 적도 있다. 그때마다 선생님은 좋은 글 많이 쓰고 있냐고 물어보시곤 했다. 선생님께서는 그게 안부였던 것이다.

우리들의 교정에는 많은 것이 변했다. 새로운 기숙사와 건물들이 아름답게 세워져 있었다. 우리들이 누린 학교생활보다 후배들의 생활이 늘 좋아보였다. 식사를 하러가는 길에 내가 물었다.

"선생님 학우들 수준 어때요? 재기가 번득이는 작품들 두루 있어요?"

"요즘 아이들이 더 열정적이야! 너희 때와는 많이 틀리지. 이번 졸업 작품만 봐도 번뜩이는 작품들이 몇 개 있지."

선생님은 살갑게 웃으시면서 이렇게 말씀을 하시곤 했다.

그 말을 듣고 나는 얼굴이 화끈거렸다. 그렇다.

우리들의 학교생활은 열정보다 술을 더 좋아했다. 친구들과 삼삼오오 모여앉아 문학보다는 취업 문제를 더 생각했는지도 모른다. 그 중에서 나는 문단에 막 이름을 비쳐, 글을 쓰고 있는 운 좋은 녀석이었다.

수은주가 떨어지는 십일월이었다. 늘 신춘문예 시절이면 가슴에서 흘러넘치는 어떤 기운이 솟아올랐다. 그날도 뭔가를 써보려고 컴퓨터 앞에서 책을 보고 희곡의 대사에 대하여 생각하고 있었다. 그때 선생님이 들어오셨다.

"자네, 글 쓰고 있나? 그래 젊을 때에는 많은 것을 접해봐야지, 나도 젊었을 때에는 희곡도 쓰고 시도 쓰고 싶었는데, 하나 밖에 하지 못했어! 재주가 있다면 여러 가지 해보는 것도 좋을 거야."

선생님의 응원이 일주일동안 나에게 글을 쓰게 하였다. 희곡의 대사가 술술 써졌다. 그렇게 나는 희곡을 완결하였고, 크리스마스 선물로 조선일보 신춘문에 희곡 당선통보를 받았다. 나에겐 선생님의 사소하고 정감 있는 말 한마디가 큰 힘이 되었던 것이다.

나는 문단에 얼굴을 비친 후, 시와 희곡에 열중하고 있다. 단막극과 장막극도 올려보고 이제는 첫 시집을 묶을 준비를 하고 있다. 내가 스쳐간 인연 중에서 선생님의 수업시간은 즐겁고도 따분했지만, 그것은 문학을 하는 동안 내게 피와 살이 되었다. 지금 쓰고 있는 이 작은 글이 선생님께 누가 되지는 않을 런지 걱정이 앞선다. 존경과 감사를 담아서 나는 부족한 글을 쓰고 있는 중이다. 선생님이 앞으로 더욱 건강하시고, 늘 건필하시길 바랄 뿐이다. 책들을 읽으면서 사유를 곱씹는 버릇처럼, 하늘의 별들이 영원을 모방한 듯 아름답다. 선생님께, 나의 하늘에 놀러온 달과 별 그리고 은하로 만든 꽃다발을 바친다.

꿈과 쉼을 얻다

이혜경 · 동화작가

갑작스레 걸려온 전화 한 통으로 산행이 약속 되었다. 광교산은 오가는 시간이 많이 걸리지 않고 등산코스도 완만해서 큰 부담이 없다. 루루에게 도시락까지 부탁하고 집에서 출발한 시간이 아홉 시 반. 눈이 감겨올 듯 피곤해서 지하철에 오르자마자 눈을 감았지만 잠은 오지 않았다.

며칠 전에도 갑작스레 걸려온 전화 한 통이 있었다. 처음 보는 전화번호였다. 받을까 말까 고민하다가 신호를 놓치고 끊어진 전화는 며칠이 지나서야 다시 걸려왔다.

이번에는 전화번호를 보지 않고 전화를 받았다. 다른 일을 하다가 무심결에. 여보세요. 내 목소리에 저편에서 깊은 남자의 목소리가 달려든다. 안녕하세요. 저는 산업대 문예창작과를 졸업한 조머시기라고 합니다. 그리고 이어지는 남자의 목소리. 박정규 선생님이 벌써 그렇게 연세를 많이 자셨나? 언제나 젊은 느낌만 주던 선생님. 선생님이 벌써 정년퇴임을 앞두고 있다고 한다. 등단한 제자들이 모여 산문집을 엮어주기로 했노라는 남자에게 원고를 보태겠다고 말하고 보니 까마득했다. 하던 일을 뒤로 미루고 자리에 누웠다. 눈을 감았지만 잠은 오지 않았다.

수원 화서역에 도착하니 열시 십 분이 조금 넘었다. 열시 삼십 분이 다 되어 루루가 감청색 차를 몰고 왔다. 루루가 사는 한일 타운에 차를 세워두고 경기대 입구로 가서 형제봉에서 시루봉, 통신대를 지나 헬기장에서 한일타운 쪽으로 내려오는 산행을 할 참이다. 가면서 보니 몇 달 전, 루루랑 처음 광교산엘 왔다가 하산하던 길이 어렴풋이 떠오른다. 그 때와 같이 갈림길에서 산을 에돌아가는 등산객들과 달리 우리는 산으로 바로 오르는 길을 택했다.

산으로 오른 여러 가지 길처럼 우리 인생의 길에도 여러 가지 길이 있다. 나는 그 길 가운데 하나를 서울산업대 문창과로 택했다. 그다지 오래된 것 같지 않은데 졸업을 하고 지난 시절이 벌써 어렴풋하다. 91년도 노동문화제 문학부분 대상을 타면서부터 나는 내 길을 생각했다. 93년에는 『아동문학평론』 신인상 동화가 당선되고, 94년에는 『문예사계』 동계작품 동화가 당선되었지만 나의 길은 너무 멀리 있는 것만 같았다. 그래서 나는 감히 서울산업대 문창과라는 길을 택했다.

오솔길로 들어서는데 펄펄 함박눈이 내리기 시작한다. 광교적설! 예로부터 눈 쌓인 광교산의 풍광을 '광교적설'이라 불렀다는데, 그 행운을 이 겨울의 끝자락에서도 맞을 수 있으려나?

팔 벌려 손바닥에 눈을 받으며 나무숲을 바라본다. 광교산의 무성한 소나무들 위로 희디흰 눈새들이 작은 날개를 접으며 내려앉는다. 그런데 눈 맞으며 약수터를 지나 산 끝자락에 오르니 그 산은 거기서 끝이다. 우리가 걸어 온 곳은 약수터를 품은 동네 야산일 뿐, 광교산은 그 산을 내려와서 가야 하는 도로 건너편 과녁배기에 있었던 것이다. 수원 8경의 으뜸으로 꼽았다던 눈 덮인 광교산의 절경을 볼 수 있으면 좋으련만. 고요하게 내리는 눈은 어머니 품 같은 광교산을 더욱 아늑하게 만든다.

내 삶의 8경을 꼽으라면.

그 가운데 하나를 나는 거침없이 서울산업대를 들 것이다. 푸른 잔디, 어린 학우들과 격의 없는 대화, 때로는 진지하게 때로는 천진하게 나눈 삶과 문학에 대한 이야기들. 겨울이면 언손을 호호 불어가며 학교 앞 분식집에서 나눠마시던 어묵 국물.

문득 어묵 국물이 그립다. 문학 하나로 배불렀던 시절들, 추억은 삶을 아늑하게 만든다.

광교산을 찾아 내려오는 길에 광교산 자락을 병풍처럼 두르고 있는 마을을 보았다. 광교산은 가도 가도 마을 야산처럼 정다운 느낌이었는데 이유를 알 것 같았다. 광교산은 저 홀로 우뚝 솟아있는 것이 아니라 그 뿌리를 마을로, 마을로 뻗어 사람 사는 동네들을 감싸 안고 있었던 것이다.

산 숲 사이로 듬성듬성 집이 있는 마을과 밭이 보인다. 산을 향해 난 가느다란 마을길을 보자 불현듯 고향이 그리워진다. 고향에서 살았던 날들보다 이제 그 고향을 떠나와 산 날들이 더 오랜데, 시골 마을 풍경을 보면 생솔가지로 불 지펴 따뜻한 밥 짓고 구수한 누룽지에 숭늉 끓여 주시던 어머니가 아직도 거기 계신 것만 같아 가슴이 아리다. 눈 시리도록 파란 하늘 아래 옥양목 빨래 하얗게 나부끼던 풍경들이 떠올라

애틋한 향수를 불러온다.

마을 야산처럼 정다운 선생님이 계셨다. 박정규 선생님이 그랬다. 아무 때고 우리들에게 불쑥불쑥 원고지를 내밀던 선생님, 그곳에 우리는 어떤 말을 적어도 좋았다. 선생님은 두려워할 필요가 없다고 말했다. 삶의 칸칸을 채우는 게 글쟁이들인데, 원고지 몇 장 채우는 것에 무엇이 두렵냐고 했다. 그리고 선생님의 자신의 글을 스스럼 없이 우리들에게 보여주시고는 했다. 그럴 때면 평소에 근엄해 보이던 선생님도 마을 어구에 있는 구멍가게 아저씨처럼 정다워 보였다. 그때 알게 되었다. 선생님의 사랑이 우리에게 보이지 않게 뿌리를 땅속에 숨기고 교실에서 교실로 뻗어 학생 사는 학교를 감싸 안고 있었음을.

눈 시리도록 파란 하늘 아래 원고지 칸칸 나부끼던 글자들이 떠올라 애틋한 향수를 불러온다.

조선시대 선인들은 비록 명산은 아닐지라도 고향 산천을 특별히 사랑하여 '마음의 산'을 하나씩 두었다는데, 나는 고향의 산은 아닐지라도 광교산을 마음에 품기로 했다. 광교산은 어머니 품처럼 포근하면서도 아늑한 자태에 향기로운 송림이 있어 좋다.

루루의 팔을 잡아 당겼다. 비록 아스팔트를 깔았을망정 밭과 밭 사이 고샅길을 따라 산으로 이어지는 길을 걷고 싶었다. 이미 정오가 넘은 시간에 둘만의 산행이 갖는 자유로움으로 금방 생각이 모아졌다.

나는 어디에 마음의 산을 두었나. 인문관 뒤편으로 나지막한 언덕이 하나 있다. 생각이 막힐 때쯤에는 그곳을 홀로 걸었던 기억이 난다. 그곳을 '내 마음의 글뫼'라고 불러도 좋을까, 이미 불혹을 넘겼지만 때때로 세상의 어지러움이 나를 괴롭힌다. 그럴 때면 다시금 내 마음의 글뫼에 오르고 싶다. 산에 오르지 않고도 산에 오르는 곳, 자유로움으로 금방 생각이 모아졌다.

우린 고속도로가 뚫려있는 대교 밑으로 내려와 개울을 건넜다. 그런데 개울 끝에 낯익은 풍경의 호수가 또 내 마음을 유혹한다. 예전에 왔을 때 광교산 산길에서 왼쪽으로 멀리 파랗게 띠를 두른 듯 펼쳐져 있던 것이 무엇인가 했는데, 바로 이 매혹적인 광교 호수일 줄이야! 마을로 향해 가던 길을 뒤에 두고 호숫가로 갔더니, 호수를 둘러싼 산책로는 방금 우리가 내려온 산자락을 따라 끝없이 이어져 있다. 호수의 표면이 하얗게 얼었다. 얼음 밑에 푸른 심장 같은 강물이 내 가슴에도 여울물 되어 흐른다.

이십여 분을 족히 루루와 호숫가 산책로를 걸으며 정담을 나눴다. 광교산의 눈동자 같은 광교 호수에 풍덩, 마음을 빠뜨린 채! 광교 호수는, 나무에 연초록 물오르는 봄날, 김밥 싸 들고 내 좋은 사람들과 다시 오고 싶은 곳이다. 다시 왔을 땐 호수에게 내 마음의 시 한편 들려주리라.

도서관에서 오른편으로 꺽어지면 학교에도 작은 호수가 하나 있어 내 마음을 유혹하곤 했다. 봄이면 연꽃이 피고 여름이면 푸른 잎이 우리를 반겨주던 곳. 그곳에서 마셨던 막걸리 한 잔. 가끔은 점심을 사겠다는 박정규 선생님과 함께 호수를 걸으며 정담을 나누기도 했다. 가까운 학생 식당에서 선생님은 종종 홀로 식사를 하고는 했다. 그럴 때마다 옆에는 작은 책 한 권이 펼쳐져 있었다. 가까운 곳을 두고 왜 멀리가냐고 했지만 학생들에게 밥을 먹일 때면 조금이라도 좋은 밥을 먹이기 위해 호수를 지나 멀리 있는 교수 식당으로 우리를 이끌었던 선생님의 마음. 다음에 다시 학교에 가면 선생님의 고마움을 호수에게 들려줄 수 있을까. 아무도 모르게 호수에게 내 마음의 시 한 편 들려주리라.

산새들이 연신 쪽쪽 소리 내며 귀를 간질이는 호수를 지나 도로를 건넜다. 앞에는 호수, 뒤에는 병풍처럼 둘린 산자락 밑에 자연풍광 만큼이나 깨끗한 '반딧불이 화장실'이 있다. 누군가 광교산에 오를 기회가 있다면 반딧불이 화장실에 꼭 한 번 들러 가라고 말하고 싶다. 청결함과 쾌적함, 세련된 인테리어 디자인이 화장실 문화의 모범으로 기억될 것이기 때문이다.

우리는 '마음의 장소'를 두고 나와 다시 광교산으로 올랐다. 우리가 들어선 코스는 경기대 입구를 조금 더 지난 길이다. 눈이 오다말다 하는 길을 따라, 크게 가파르지 않은 길을 가니 등산전문가 수준의 산꾼인 루루는 재미가 없단다. 나는 공기 좋고 풍광 좋은 곳에 오니, 아침의 그 무겁던 몸이 한결 가벼워져 기분이 날 듯 좋아졌는데.

형제봉 가는 길에 눈 맞으며 점심을 먹었다. 형제봉에 올랐다가 비로봉으로 가 정자에서 잠시 쉬며 함박눈 맞는 나무들을 내려다보았다. 상고시대의 산은 하늘과 인간이 교통하는 곳이었다는데, 오늘의 눈은 먼 상고시대로부터 내려오는 것만 같다. 나무들이 흰 만년필 글씨로 차분히 써 내려간 하늘의 편지를 읽는 듯 숨을 죽였다. 세세한 사연처럼 흰 눈으로 써 내려간 필체는 작고 정겹다.

노래하는 산새들처럼 노래하기 좋아했던 선생님. 가끔은 학생들에게 가곡을 불러주기도 했다. 나 숲으로 가 청산에 살으리랐다. 선생님의 노래 소리를 들으면 무겁던 몸이 한결 가벼워져 기분이 날 듯 좋아지고는 했다. 어쩌면 선생님은 노래로 편지를 썼던 건 아니었을까. 마무들이 흰 만년필로 글씨를 써내려간 것처럼. 선생님이 건네준 책 한 권. 맑고 밝게 살으라고 적혀 있던. 선생님의 노래처럼 맑게 써내려간 필체는 작고 정겹다.

시나브로 깊은 산속, 시루봉을 향해 올라가는 길엔 새소리 하나 없다. 언 땅 위에 흰눈이 깔리자 길이 미끄러웠다. 아이젠을 챙겼다. 루루는 마른 땅만 생각하고 아이젠을 가져오지 않은데다가 몸 상태가 좋지 않아 자꾸 내려가자고 한다. 결국 우린 통신대를 지나 헬기장 쪽으로 내려가려던 계획을 포기하고 억새밭에서 아쉽게 하산 길을 택했다. 헬기장을 지나 내려서는 산길에서 갈대능선에 닿으면 솔숲을 따라 끝없이 이어지는 영화 속같은 오솔길이 있다. 눈 내리는 날, 그 길을 다시 걷고 싶었는데……

그러나 그 아쉬움을 잠재워도 될 만큼 이 쪽의 길도 운치가 있었다. 왼쪽에 잔잔하게 돌을 쌓아올리고 오른쪽으론 담처럼 이어지는 산을 안고 걷다가 모퉁이 돌아가는 오솔길은 새아씨의 '꽃가마 길'. 루루에게 이 길이 내가 지은 '꽃가마 길'이라 일러주고 나니 머릿속엔 금세 새아씨라도 된 듯한 상상이 날갯짓 한다.

시나브로 세월이 흘렀다. 정말이지 아무도 모르게 조금씩조금씩, 그래 시나브로라는 말밖에는 달리 표현할 길이 없이 4년이 흘러 졸업이 다가왔다. 눈이 덮힌 언땅처럼 내 길이 미끄럽게만 여겨졌다. 그 망막함을 아이젠처럼 든든하게 지켜주던 선생님. 벌써 정년퇴임이라니, 선생님을 뵙지 못하고 말 후배들에게 괜시리 미안한 마음이 든다. 그래도 선생님은 아쉬움을 달래주리라 믿는다. 멀리서 풍문이 들린다. 선생님이 이제 소설에만 매진하겠다는 소식. 그것이 결코 풍문이 아니라는 걸 안다. 아쉬움을 잠재워 줄 멋진 소설. 내가 지은 '꽃가마 길'처럼 아름다울, 물론 이때 아름다움은 일반적인 아름다움이 아닌, 선생님의 글을 읽을 때 전달되는 서늘한 아름다움, 그런 아름다운 길을 만날 수 있을 것 같다. 머릿속엔 금세 새아씨라도 된 듯한 상상이 날갯짓 한다.

나는 꽃가마 탄 조선시대 사대부 가문의 여인을 본다. 여인은 어느 날 홀연히 산길에 올랐다가 왕자를 만난다. 조선시대엔 왕자들도 등산을 하였기에 산에서의 꿈같은 만남도 가능했다. 세종의 아들 중에 수

양대군과 안평대군은 북한산 보현봉에 올라가 해 지는 곳을 관찰했단다. 왕자가 해지는 곳을 관찰하다니 세종이 과학 분야에 남긴 업적을 생각해보지 않을 수 없다. 나는 과학적인 두뇌의 사람보다는 쓸쓸할 때면 해 지는 풍경을 하염없이 바라보던 생떽쥐베리의 어린왕자 같은, 감성적인 사람에게 더 마음이 간다. 어쨌든 돌길이 험해 뭇사람들은 말을 버리고 걸어가면서도 힘들어했는데 수양대군은 활과 화살을 가지고 산을 날 듯 다녔다니, 남장한 채 꽃가마 타고 지나던 사대부 여인의 가슴엔 봄날 아지랑이가 몽글몽글 피어오른다.

생떽쥐베리의 어린왕자를 닮은 선생님도 등산을 좋아한단다. 선생님이 살고 있는 마을 뒷산 이름이 뭐였더라. 그곳에 가면 해 지는 풍경을 하염없이 바라보는 선생님을 만날 수 있을 것 같다. 어쩌면 수양대군처럼 활과 화살을 가지고 산을 날듯이 다닐 지도 모르지. 실제로 선생님은 수십 년 검도를 했다지. 봄날 아지랑이가 몽글몽글 피어오른다.

박제가는 묘향산을 유람할 때 초록 도포에 칼을 차고 자줏빛 나귀 안장에 책을 싣고 떠났다한다. 옛사람들의 기행 속엔 풍류가 있었고 풍류 속엔 음악과 시와 그림이 있었다. 그들은 책을 읽고 자연을 읽으며 그것을 음악과 시와 그림을 통해 자기만의 새로운 창조물로 표현해 서로 공유했던 것이다. 선인들은 갔지만 그네들이 시와 그림으로 남겨준 『와유록』은 내 게으른 산행의 길잡이가 되곤 한다. 나는 산을 통해 그네들처럼 느껴보고 싶은 것이다. '사랑하는 만큼'만 보여주는 대자연의 신비를 알아가고 싶은 것이다.

이불처럼 쌓인 낙엽에 잡목 우거진 숲이 보인다. 그 숲길을 '토끼길'이라 이름하여 본다. 그러고보니 내 산행 초기의 리더였던 '소나무 아저씨'가 생각난다. 다들 불혹이 넘은 나이에 산을 사이에 두고 만난 인연이라 남은 삶 속에 오래도록 함께 있을 줄 알았던 사람들은 어느 때부턴가 연락이 끊겼다. 따로 간 산행에서 두어 번 기적처럼 마주친 후로는 알음알음으로 듣던 소식조차 끊기고 말았다. 그래도 '소나무 아저씨'는 자꾸만 생각난다. 30년 경력의 산꾼으로서 산 지도를 훤히 꿰뚫고 있는 그는 등산 동아리를 이끌고 산에 오를 때마다 훤하게 닦인 길 놔두고 일명 '토끼길'이라 부르는 샛길을 찾아다니곤 했다. 그 덕에 우리들은 원시림같은 산길을 누비고 다녔다.

그렇다면 선생님은 어린왕자가 아니고 박제가 일까. 선생님이 기른다는 커다란 개를 말이라하면 어떨까. 개가 가여우면 그냥 개에 타지는 말고 안장에 책만 싣고 떠나면 되지. 그러고보니 선생님의 집에는 음악이 있고 시가 있고 그림이 있다. 지금은 멀리 해외에 있지만 첼로를 켜는 딸, 화가인 사모님, 그리고 소설을 쓰는 선생님. 선생님이 그토록 노래를 잘 불렀던 것도 예술가의 피 때문일까. 예술가의 피로 우리들을 이끌었던 선생님. 내 문학 초기의 리더였던 박정규 선생님. 선생님과의 배움 뒤로 나는 2004년에 한국문화예술진흥원 문예창작지원금을 받기도 했고, 2005년에는 제190회 아동문예문학상에 동시가 당선되기도 했다.

문학이라는 것이 삶과 달라서 훤하게 닦인 길을 놔두고 거칠고 험한 길을 다니는 것이라 일러주던 선생님. 그 덕에 우리들은 원시림같은 산길을 누비고 다녔다.

금세 마을이 가까이 있는 모양이다. 그 시간에도 아이들을 데리고 가쁜 숨 몰아쉬며 올라오는 등산객들이 보인다. 통나무 벤치에 벌렁 누워 쉬다가, 어느새 산 속 가득히 내리던 눈 그칠 때 자리를 털고 일어섰다. 눈발 그치자마자 흐린 하늘 틈을 열고 내비치는 신의 눈부신 은총! 숲 사이사이에 화살처럼 날아와 박히는 금빛 햇살 배웅 받으며 산길을 내려왔다.

마을 가까이 오니 다시 산새들의 지저귐이 요란하다. 산길 다 내려와 개울가 양지바른 곳에서 보스스 몸을 일으킨 버들개지를 보았다. 가슴에 묵직한 것들 다 벗어놓고, 눈처럼 가벼운 것들, 새소리처럼 가벼운 것들, 고 작은 버들개지의 꽃털처럼 가벼운 것들만 가슴에 담아왔다. 이제 일주일, 이 가벼운 것들이 내 몸에서 실로폰 소리 내며 튀어 오를 때마다 나는 잠시 하던 일 멈추고 꿈과 쉼에 젖을 것이다.

통나무 벤치에 벌러덩 누워 쉬는 것처럼 아무렇게나 편할 수 있었던 학교. 학교를 그만 두고 이만큼 오고나니 삶의 틈바구니는 열고 내비치는 신의 눈부신 은총이 보인다. 내 삶에 화살처럼 날아와 박히는 금빛 햇살들, 그 햇살들의 배웅을 받으며 졸업을 했었는데, 이제 내가 누군가를 배웅해야 한다. 잘 가세요, 선생님. 그러나 안녕이라고 말하지 않을께요. 우리 문학판에서 다시 만날테니까요. 가슴에 묵직한 것들 다 벗어놓고, 눈처럼 가벼운 것들, 새소리처럼 가벼운 것들, 그것들만 들고 반가운 얼굴로 만날테니까 안녕은 필요하지 않아요.

그래요, 선생님. 이 가벼운 추억들이, 이 고마운 추억들이 내 몸에서 실로폰 소리 내며 튀어 오를 때마다 나는 잠시 하던 일 멈추고 꿈과 쉼에 젖을 거랍니다.

은하철도 999

조현용 · 소설가

마침내, 기차가 달리기 시작했다. 은하철도였다.

초등학교 2학년이었나, 3학년이었나, 이제는 시간마저 모호해진 그 어린 어느 날, 기차를 처음 타 보았다. 가출이라는 것이 무엇인지도 모르고 순전히 기차를 타보고 싶다는 욕심 때문에 집을 나서던 길이었다. 그래도 제법 그럴싸하게 집에는 아버님, 어머님, 보십시오, 라는 제법 긴 장문의 편지를 남겨두었던 것으로 기억한다. 물론, 편지를 쓴 이유는 어머니의 지갑에서 천 원짜리 한 장을 가지고 나온 게 못내 마음에 걸렸기 때문이다. 그래, 천 원짜리 한 장과 그 동안 모아두었던 오백 원짜리 지폐 한 장, 그리고 백 원짜리 동전 몇 개를 들고 떠나는 첫 가출은 매우 즐거웠다. 길쭉하게 뻗은 선로 위를 달리는 기차는 보기만 해도 가슴을 설레게 만들기에 충분했다. 그런 기차에 올랐다니, 실로 믿어지지 않았다.

그 즈음, 텔레비전에서 선풍적인 인기를 끌던 만화가 '은하철도 999'였다. 기차가 어둠을 헤치고 은하수를 건너 우주 정거장에…… 노래가 들리면 잠 많은 아이들도 아침 잠을 헤치고 일어나 텔레비전에 앞에 앉았다. 아침이면 우주 어느 정거장으로 우리를 안내하던 티브이 속 은하철도처럼 나는 기차를 타고 세상 어느 곳에라도 내리고 싶다는 알 수 없는 열병에 휩싸이다가 마침내 가출을 시도했던 터였다.

마침내 내가 타고 있는 기차가 출발했다. 이제 기차는 어느 순간 은하철도 999가 되어 어느 쯤에서 하늘로 날아오를지도 모른다는 엉뚱한 상상을 하며 안드로메다의 어느 혹성을 상상했던가.

당연하게도 현실과 이상은 너무 큰 차이가 있었다.

하루면 돌아올 것이라던 내 생각은 빗나갔다. 안드로메다의 어느 혹성을 상상하며 그만 잠들었는데 갈 곳 몰라 헤매던 나를 어느 간이역의 역장은 웃으며 돌아가는 기차에 실어주었다. 고향역 파출소에 들러 저간 사정을 설명하고 꿀밤 한 대 얻어먹고 배고파 새벽 야식을 얻어먹고 있을 때, 아버지 어머니가 달려왔다. 조금은 걱정스러운 눈빛으로 조금은 황당하다는 눈빛으로 나를 야단치던 아버지는 그러나 마침내는 껄껄 보기 좋은 웃음을 흘려주었다.

다음 날, 나는 학교에 가 아이들에게 은하철도를 타 보았노라고 거짓말을 늘어놓았다. 따지고 보면 내 꿈의 기원은 그곳에 있었던 모양이다.

1999년 9월 9일 9시 9분 9초에 지구가 멸망한다고 했다.

어느 위대한 예언가의 말은 그때까지 한 번도 틀린 적이 없었고 그가 피를 토하며 마지막으로 들려주었던 예언이 바로 그것이라고 했다.

지구가 멸망한다니…… 이 엄청난 충격 속에서 나는 다시 한 번 꿈을 만들었다. 바로 우주함의 선장이었다. 금이 귀했던 때였을까, 나는 금송아지 우주선을 만들어 통일 대한민국의 모든 사람들을 싣고 새로운 지구별을 찾아 외로운 여행을 떠날 계획을 세웠다. 금송아지 우주선 안에는 공격형 독수리호와 일인용 정찰선 제비호, 자살 폭탄 무인선 파리호까지 제법 그럴싸하게 계획을 세워야만 했다. 아이들은 내

신기한 이야기를 들으며 내게 부선장을 시켜달라고 했다. 부선장 후보들이 많았다. 군것질거리를 많이 사주는 녀석에게 부선장을 시켜주겠노라고 나는 말했고, 그래서, 하루나 이틀에 한 번씩 부선장이 바뀌었다. 나는 매일 매일 바뀌는 부선장과 나의 선원들을 위해 새로운 우주에 대해서 매일매일 이야기를 만들어야 했다. 아름답고 행복한 우주여행이었다.

어느 사이 꿈을 자유롭게 이야기할 수 없는 나이가 되었다.

내 앞에는 대학이거나 사회이거나 둘 중에 하나의 선택이 놓여 있었는데, 곰곰 생각해보니 사실 그 선택이라는 것도 내게는 사치에 지나지 않았다. 나는 자동차 정비 학원을 다녀야 했고, 굴착기 운전을 배워야 했다. 그리하여 마침내 우주에 대한 기억도, 우주선에 대한 희망도 말끔히 사라졌을 때 나는 나이에 맞지 않게 노숙한 노래 한 곡을 즐겨 부르며 세월을 묵새겼다.

가을을 남기고 떠난 사람, 겨울은 아직 멀리 있는데, 사랑할수록 깊어가는 슬픔에 눈물은 향기로운 꿈이었나……

꽃이 될 수 없다는 걸 너무도 잘 알고 있는 나이었다. 그럼에도 나는, 내 가슴에 봄은 멀리 있지만 내 사랑 꽃이 되고 싶어라는 부분에서 괜시리 눈물을 찔끔거리곤 했다.

고등학교 때 따 두었던 자격증을 몇 개 가지고 나는 하사관에 지원했다. 내가 견딜 수 있는 사회는 그곳밖에 없을 것 같았다. 그럼에도 나는 우주를 이야기하던 친구들과 더불어 군 생활의 두려움과 우리 앞에 놓인 막막한 미래와 멀리 있는 대학과 섣부른 연애에 대해서 떠들었다. 당장 내일이라도 군대에 들어갈 것처럼 떠들었지만 군대는 나를 받아들여주지 않았다. 하사관에서 떨어지고 나는 집에서 나와 일찍 사회생활을 하는 친구의 집에서 두어 달을 머물렀다. 무협지를 보며 수음을 하던 것도 지겨워지고 혼자 취해 나뒹구는 것도 지겨워질 즈음 가을이 지나가고 있다는 것을 알게 되었다. 가을을 남기고 떠난 사람 겨울은 아직 멀리 있는데…… 대낮부터 술에 취해 있던 나는 노래가 끝날 즈음 찔끔거리는 눈물을 닦고 친구들이 놓아둔 돈을 챙겨 집 밖으로 나왔다. 무작정 버스에 올랐지만 뾰족한 수가 있을 리 만무했다. 한두어 달을 거지꼴로 이리저리 떠돌고 돌아다니다가 다시 돌아와 이번에는 공군 하사관에 지원했다.

신체검사장에는 이 나라를 지키려는 젊은이들로 가득했다. 나도 그들 가운데 하나라고 애써 생각했다. 그러나 이 나라의 자랑스러운 기술 하사관이 될 수 없다는 사실을 곧 깨달아야 했다. 휙휙, 사람들이 색약판의 글자를 쉽게 읽으며 지나갔다. 그러나 나는 도무지 그것들을 쉽게 읽어내지 못했다. 내가 어렵게 8자를 읽어내고 29를 읽어냈을 때 그러나 내 앞에 버티고 선 군의관은 머리를 흔들었다. 나는 다시 그가 넘긴 몇 장의 색약판을 읽어야 했다.

숫자가 있는 것 같기도 하고, 그저 점들뿐인 것 같기도 하고, 5자인 것 같기도 하고 6자인 것 같기도 한 색약판을 더듬거리고 있을 때 군의관이 내 이름을 부르며 색약판을 휙하고 닫아버렸다. 적록색약, 그것이 내가 자랑스러운 하사관이 될 수 없는 까닭이었다.

글을 잘 쓸 수 있는 길을 열어주는 학교가 있었다.

정말이지 놀라운 사실을 알게 된 것은 군대에 있을 때였다. 내무반에 있는 책들을 다 읽고 중대에 있는 책들을 읽고, 연대 도서관을 들락거리면서 문예창작과가 있다는 사실을 알게 되었다. 문예창작과를 나온 작가들의 글을 읽으면서 나는 그들이 아닌 그들이 다녔다는 학교가 몹시도 그리워졌다.

그리하여 나는 고등학교 때도 하지 않았던 공부들을 제대를 얼마 앞두고 시작했다. 군대를 제대하고는 독서실에서 먹고 자며 학원에 다녔다. 문예창작과에 들어가야 한다는 생각 하나로 하루하루를 버텼다. 다음 해 봄 나는 서울에 있는 캠퍼스를 거닐었다. 꿈결 같은 시간들이었다.

학교에 들어와서 나처럼 외로운 아이 하나를 만났다. 아이는 분명 나보다 나이가 한참이나 더 많고 더 어른이었지만 내게는 그저 아이일 뿐이었다. 아이는 아버지가 참 그리웠다고 말했다. 아마 아이가 어른이면서도 아이로 남을 수 있었던 건 아버지에 대한 그리움 때문일지도 몰랐다. 아이의 아버지는 흔히 말하는 월북 작가로 알려졌다. 그러나 풍문일 뿐이었다. 좀 더 정확히 말하면 아이의 아버지는 어느 날 지구에서 감쪽같이 사라졌다. 그런 아버지의 흔적을 찾아 어린 아이는 거리를 헤맸다.

소설가라는 이름을 얻은 아버지, 그러나 책을 찾아볼 수 없는 아버지의 이름을 들추기 위해 아이는 헌책방을 더듬었다. 아버지의 이름으로 출간된 책은 그러나 찾을 수 없었다. 혹시 아버지가 이름 없는 삼류 작가가 아닐까, 아이는 딱지본이 돌아다니는 손수레 서점을 까웃거리기도 했다. 여전히 아버지의 흔적은 찾을 수 없었다. 아이의 쓸쓸함은 더 깊어졌다. 그때부터 아이는 영원히 아이로만 남은 것일까?

어쩌다 보니 아이 보다 아이의 아버지를 먼저 알고 있었다.

선배들의 것에서는 더 이상 배울 것이 없다,며 선배 작가들의 작품을 나무랐다는 이 멋진 글쟁이를 나는 흠모했다. 그리하여 그의 글을 찾아 읽었는데, 때로는 농촌의 삶 속에서 때로는 도시의 삶 속에서 당시를 살아가던 소시민들은 어떤 아픔을 견디며 살아가고 있는가를 그는 당대의 어떤 작가들보다 더욱 잘 보여주고 있었다.

"소작인 만보의 아낙이, 굶다, 애들에게 졸리다 못하여, 창서네 부엌에 들어가 찬밥덩이를 훔치다 들키어, 그것이 부끄러워 못살겠다고, 우물에 빠져 죽"어야 했을 정도의 지독한 삶을 그는 『40년』에서 보여주었다. 그러나 그 속에서도 아이들은 자라고 커나간다. 모질고 험악한 삶속에서도 아이들은 점차 자신만의 생각을 키우며 커나간다. 그의 소설이 가지고 있는 진짜 큰 힘이었다. 특히 『40년』이 지닌 큰 힘은, 오늘날 우리 문학사에서 흔히 자전적 소설이라 불리는 소설들의 모범이 된다는 점이다. 물론, 40년의 긴 세월 동안 그는 자신의 삶의 궤적들을 '찬'이라는 인물에 투영시켜놓았지만 나는 찬의 모습 속에서 그를 읽었다. 그리고 오랜 뒤에 아이를 알게 되었을 때 그를 찾아 외롭게 헌책방을 떠돌고 있는 아이의 그림자를 떠올렸다. 아무튼 '찬'은 자라고 문학도 자라, '찬'이라는 이름은 '나'로 바뀌어 보다 솔직한 자기반성을 보여주는 작품들이 태어나게 되었다고 나는 생각했다. 현기영이 보여주었던 『지상의 숟가락 하나』, 신경숙이 보여주었던 『외딴방』등 우리 문학의 뛰어난 작품들이 그가 쓴 『40년』의 글쓰기 방법을 채택하여 쓰여진 뛰어난 작품들이 아닌가. 그런 뛰어난 작품을 한 번도 보지 못했을 그리하여 어른이 되어서 아이가 되어버린 외로운 소년을 만나 나는 문학을 배웠고 소설과 놀았고 캠퍼스를 산책했다. 고마운 일이었다.

아이가 학교를 떠나야 할 때가 되었다는 이야기를 들었다.

문득 김지하의 시가 떠올랐다. 손꼽아 등 다스려 주며 내게도 속꽃 핀 시절이 있었음을 알려주는 친구 하나가 멀리 떠나버리는 기분이었다.

내 삶의 꽃 시절을 생각해 보았다. 내 등 다스려 주는 친구들, 속꽃 피는 시절을 알지 못했던 내게 아주 큰 꽃을 보여주었던 아이. 내가 꽃이 될 수 없어 눈물을 찔끔거렸던 시절, 그 나이쯤의 아이는 아버지를 찾아 헤맸다고 수줍게 말했다.

떠난다는 아이를 생각하며 아이가 찾아 헤맸던 아버지의 흔적들을 떠올렸다. 내 글에 담겨 있는 무수한 내 아버지의 흔적들에 대해서 떠올렸다. 그리고 마침내 서푼 값어치나 될까 말까 모를 내 가난한 글들을 떠올렸다. 나의 글은 도무지 무엇인가. 나는 무얼 바라며 글을 쓰는가. 내가 과연 글쟁이란 이름을 얻을 자격이 있기는 한가. 글을 접고 싶은 마음이 들기도 하다. 내가 엉터리라는 것을 고백해버린다면 좋을 것을 그것이 쉽지 않았다.

꽃 피던 시절, 내 삶의 가장 시적인 순간들은 꽃 피던 시절일 터인데 꽃 피던 시절을 생각하니 쓸쓸하다. 나는 내 소설 여러 곳에서 꽃 피던 시절들을 팔아먹었다. 달빛처럼 쓸쓸한 길들.

어머니는 옷을 벗어 내게 내밀었다.

강줄기 앞에서 더는 가지 못하고 그대로 붙잡혀 맞은 시간은 달이 뜨고 지는 시간인 듯 길었다. 나를 때린 시간 보다 나를 붙잡고 엉엉 더 오래 울고 일어난 어머니가 눈물 닦아주었다. 울다 지쳐 돌아가는 길에는 달빛이 밝기도 밝았다. 어머니는 그 달빛이 아팠으리라. 38만 4천 킬로의 거리를 담은 달의 무게가 어머니를 짓눌렀으리라.

이 어린 것이 무얼 안다고, 무얼 안다고……

아직도 어머니의 물기 가득한 목소리가 선명하다.

어머니에게 아줌마라고 부른 것은 시골 큰집 식구들이 다녀간 뒤였다. 그전부터 내게 큰 어머니가 있다는 것을 나는 알고 있었다. 아버지의 또 다른 각시가 있다는 것을 알고 있었으나 나는 부러 모른척했다.

눈 밝고 귀 밝은 동네라 나보다 먼저 우리 집 사정을 알고 있는 녀석들도 있었다. 그런 녀석들이 약을 올릴 때면 녀석들을 죽이고 싶기도 했다.

어설픈 이야기를 만들며 나는 나를 견디고 싶었다. 그러나 나는 너무 어렸다. 큰집에서도 우리 집을 인정했지만 큰일이라도 있으면 찾아와 난리를 피우곤 했다. 어려서 몰랐던 것을 아니 애써 모른척하던 것을 중학교 들어가서 듣고는 더 참지 못했다.

홍길동처럼 나는 아버지를 아버지라 부르지 못한다고 생각했다.

아버지를 욕하는 내게 매를 든 어머니는 자신도 아줌마라 부르라 했다.

아줌마, 아줌마, 아줌마.

아버지를 아버지라 부르지 않고 어머니를 어머니라 부르지 않던 시간이 길어질수록 매질도 거세졌다. 더 버티지 못하고 나는 어머니로부터 도망쳤다. 평소 같으면 쫓지 않았을 어머니는 나를 쫓았다. 논길을 따라 철길을 따라 그리고 마침내 강이 막혀 더 가지 못할 때까지 내가 뛰면 어머니도 뛰었고 내가 멈추며 어머니도 멈췄고 내가 걸으면 어머니도 걸었다.

강 앞에서 더는 달아나지 못하고 잡혀 매를 맞으면서 나는 어쩐지 마음이 편해졌다. 나는 그렇게 작은 각시의 아들에 대한 설움을 달빛에 털어냈다. 어머니도 그랬으리라.

지난 해 봄, 아버지가 돌아가셨다. 강가의 달빛 속에 어머니의 그림자만 있었다고 나는 생각했다. 아버지가 돌아가시고 나서야, 술에 취해 비틀거리며 오천 원짜리 노란 지폐를 쥐어주던 아버지의 웃은 모습이 떠올랐다. 갑자기 아버지가 보고 싶어 나는 울었다. 내 서러웠던 시절들이 내게 꽃 피던 시절은 아니었을 것이다. 그러나 나는 그 시절들로 나를 버티며 살아왔다. 그리고 그 시절들을 팔아 소설을 썼다. 쓰고 나니까 더는 팔아먹을 꽃 시절이 없다. 없는 것 같다.

그러나, 어디 돌아보면 세상 어느 순간에도 꽃 피지 않던 시간이 있을까.

생각하다가 손수레 작은 좌판 서점에 주저앉은 아이의 얼굴이 떠올랐다. 아이는 그때 문득 생각을 했을까? 아이가 나를 끌고 갔던 학교 앞 식당과 그 식당에서 먹었던 청국장이 떠올랐다. 아이에게서 아이의 아버지 이야기를 들었던 게 그 허름한 식당이었을까.

아버지를 곁에 두고 있었던 나는 그래도 아이보다 백배는 행복했다. 그리하여 아이에게서 나는 내게 핀 수만 송이의 꽃들을 본다. 아이가 슬며시 웃는다.

아이를 아이라 불러야 할까?

아이를 아이라고 부르는 게 참으로 송구스럽고 죄송스러운 일이라는 걸 나는 잘 알고 있다. 그런데도 이 글에서만은 아이라 부르기로 마음먹는다. 자신이 쓴 소설을 제자들에게 보이며 부끄럽게 웃는 아이, 잘 썼다는 칭찬에 얼굴을 붉히는 아이. 아이는 그때 우리와 다를 게 없는 소설을 좋아하는 아주 착하고 순진한 아이임에 틀림없었다.

사실 아이의 소설을 읽는 것은 수수께끼의 한 부분을 마주대하는 것처럼 생경스럽고 어려울 때가 많다. 때로는 그림의 한 장면을 보는 것 같고, 때로는 철학 강의를 듣는 것 같고, 때로는 옛 유물과 만나는 느낌을 주는 아이의 소설은 마치 진화하는 한 생명체를 대하고 있는 느낌이다. 소설이 진화한다는 걸 잘 보여주는 아이의 글을 마주대하면 나는 내가 아이 보다 훨씬 더 늙어버린 기분이다.

학교를 떠나면 무엇을 할 거냐고 아이에게 물었던 적이 있다. 아이는 아무 것도 하지 않고 소설만 쓰고 싶다고 말했다. 아이의 소설이 더 얼마나 진화할지 문득 두려움마저 들었다. 그리하여 아이의 소설은 아직 누구도 경험해 보지 못한 순수하고 맑은 낯설음으로 우리를 안내하는 것은 아닌가? 어쩌면 아이는 지금쯤 내가 그랬던 것처럼 은하철도 999를 타고 우주의 어느 별, 아직 해독되지 않은 문자가 있는 곳을 꿈꾸고 있는지도 모르겠다. 어린 내가 가지 못했던 그 아름다운 여행을 잘 다녀오라고 아이에게 인사해야겠다.

멀리서 기적 소리가 아주 길게 울린다. 다시, 기차가 달리기 시작한다.

발문 / 박금산 · 소설가

행복한 흔적

나는 그 발자국에 내 발을 맞추어 꾹꾹 눌러 디디며 앞으로 나아갔다. …… 시간이 범람한 강물처럼 철철 흘러가는 소리가 내 귓전을 스쳤다. 멀리서 종소리가 들려왔다.

- 박정규 장편소설 『흔적』, 「작가의 말」 중에서

9인이 엮어 만드는 이 책의 제목은 '당신의 흔적'이다. 제명 과정을 유추해 보자면 '흔적'이란 어떤 장편소설 제목에서 나왔을 가능성이 크다. 그리고 '당신'은 장편소설에 그 제목을 붙여 출간한 소설가 박정규 선생님을 지칭하는 말일 가능성이 크다.

9인이 모여 이 책을 발간하는 경위를 먼저 밝히는 것이 좋을 듯하다. 동화작가 이혜경의 글에서 이런 말을 읽었다. 선생님이 '벌써' 정년퇴임을 앞두고 있다는 소식을 들은 글 쓰는 제자들이 각자 산문에 마음 담기로 했다고 한다. '벌써'라는 수사가 눈길을 끈다. 그것은 괜한 말이 아니다. 이번에 정년퇴임을 맞은 당사자는 서울과기대 문창과가 있기 시작할 때부터 언제나 있어 왔고 언제나 전위적인 자세로 격조 있는 서사 미학을 추구해 오면서 젊음에 친근한 작가 박정규 선생님이다. 제자들이 스승의 소식에 '벌써'라는 반응을 일으키는 것이 무리가 아니다. 존칭을 생략하고 말해보기로 한다. 당신이 펼친 이 책, 『당신의 흔적』은 소설가 박정규에 관한 '흔적' 콜렉션이며 그의 정년퇴임을 기념하는 제자 문인들이 출간하는 산문집이다.

글 한 편 한 편이 모두 문학을 공부했던 자신의 흔적 위에 박 선생님과의 일화를 올려놓고 있다. 그것들을 하나로 모아 읽으니 박정규 선생님의 유년부터 현재까지가 재구된다. 그들의 관계가 참으로 다정했음에 고개가 끄덕여진다. 선생 유년의 쓸쓸함에서부터(조헌용) 창작집 『에코르체 혹은 보이지 않는 남자』의 전위적 미학성에 이르기까지(김중호 · 조병세), 포천 고모리 자택에 대한 묘사와(이근일), 사모님의 음식 솜씨 및 그 집 마당에 설치된 배드민턴장의 네트까지(이명숙), 예술가 집안의 내력에서부터 근래에 부쩍 몸집이 커진 강아지의 근황에까지(이혜경), 강의실에서 만났던 선생의 모습과(이병일) 앞으로 스승이 펼칠 삶에 거는 기대와 글쓰기에 대한 자기 다짐(윤선영), 그리고 고아와 같았던 자신이 학교를 통해 가족 같은 사람들을 새롭게 만났던 시인의 체험(안현미)까지 선생과 관련된 모든 글이 제각각 읽는 나로 하여금 세상에 대한 믿음의 가치가 얼마나 소중한지를 새삼 느끼게 만들었음을 이 자리에서 고백한다. 이 책을 펼쳐들게 된 당신에게도 마찬가지 기운이 찾아갈 것이다.

제자이자 후배 소설가인 김중호는 마릴린 먼로와 이라크 전쟁과 폭력을 이야기한다. 이 테마들이 '당신의 흔적'과 어떻게 연결될 것인가. 김중호는 마릴린 먼로에 대한 편견에 사로잡혀 그녀를 오해했던 시절에 대한 자기반성을 시작으로 미국이 자행해온 오만과 폭력을 비판하고, 자신이 소설가로서 세상을 직시하는 시선을 얻게 된 경위를 밝히다가 그 시원에 박정규 선생님과의 만남이 놓여 있음을 이야기한다. 그는 만학도로 서울과기대에 입학하여 선생님을 통해 문학을 배우고 소설가로 등단하였다. 그의 글을 읽다가 나는 "얼마 전 암 수술을 하고 글쓰기를 포함한 인생 전반에 거쳐 꼬치꼬치 캐묻고 나서야 비로소 철이 들었다."는 문장 앞에서 가슴이 아주 먹먹했다. 몸의 통증을 마음으로 가다듬은 이후에 쓴 글이어서 매우 뜻 깊어 보였다. 김중호는 진심으로 학창시절을, 글쓰기에 매료되었던 자신의 흔적을 돌아보고 있는 것이다. 본인이 정년을 3년 앞두고 있다는 문장을 읽으면서는 저절로 '소설가 김중호'를 키워드로 웹사이트에서 검색을 실행했는데 그는 서울 어느 지하철역에서 부역장을 지낸다고 한다. 그가 근무하고 있는 역으로 찾아가 그를 만나고 싶다는 충동이 일었다.

평론가 조병세의 글은 연서 같다. 세상에 존재하는 고독에 대해서 음미하는 독백인데 마치 진한 연애 감정에 바탕을 두고 있는 것처럼 읽힌다. "사랑에 관한 한, 우리는 깃털이 달린 사람이 아닌 살갗이 벗겨진 사람"이라는 바르트의 글귀를 인용하는 글의 시작부터가 그렇다.

그는 감상주의자 같은데 헤어짐에 대한 사유의 길로 무겁게 자맥질한다. 그래서 이 잠수부가 건져 올린 것이 "고독"이다. 그는 스승을 "큰 고독"이라 부르면서 "서늘함" "명랑한 농담" "바람둥이" "감수성" 등의 어휘로 스승을 수식한다. 이 말들은 박정규 선생님과 잘 어울리는 말들이라 생각된다. 조병세는 글의 끝에서 아름다운 감정의 결실을 맺고 말 것 같은 분위기를 연출한다. 그는 스승으로부터 들었던 강의를 영혼에 대한 강의라고 말하면서 "영혼에 대해서는 무한히 강의할 수 있다. 하지만 아쉽게도 고독이 유한하다"라고 말한다. 다시 만날 수 없음에 대한 아쉬움이 드러나는 부분이다. 고독이 유한하다는 말은 스승과의 만남이 유한하다는 뜻이고 제도적으로 이제 헤어져야 하는 시점임을 암시하는 것이다. 그것이 현실이다. 조병세의 마음에 깃든 헤어짐에 대한 아쉬움은 일반적으로 실연당한 자가 되새기는 어떤 거역할 수 없는 상실감에서 시작된 것처럼 보인다. 애인관계가 될 수 없는 두 사람, 박정규 선생님과 조병세의 관계가 연상되니 그의 글은 한편으로 유머러스하다.

극작가이며 소설가 지망생인 윤선영은 연애편지 형식으로 자기 다짐을 이야기한다. "정지되어 있는 것이 최선이 되어 버렸"던 글쓰기의 답보 상태에 갇혀 있던 시절에 대한 회고가 출발점이다. 그녀는 2005년 3월에 선생님으로부터 들었던 소설을 써보라는 말을 곱씹고 있다. 그녀는 최근에 모 신문 신춘문예에 최종심에 올라 등단의 가능성을 보여주었는데 당시 낙방한 마음을 달래지 못해 울면서 전화했더라고, 박정규 선생님이 주석에서 내게 말씀하시던 모습이 떠오른다. 윤선영의 글과 마음은 절절하다. 그녀는 생전에 생이별하고 죽어서도 합장되지 못했던 정순왕후와 단종 부부의 불행을 곱씹는다. 정순왕후의 무덤은 박 선생님의 자택과 가까운 사릉이고 단종의 무덤은 강원도 영월 장릉이다. 두 무덤 사이에 존재하는 물리적 거리를 윤선영은 비통해하고 원통해 한다. 그 원통과 비통을 문학으로 연결시킨다. 그리고 사릉 근처 봉선사에 있는 이광수비를 본 소감으로부터 출발하여 이광수의 장편소설 『단종애사』, 박정규 선생님의 『흔적』에 대한 에피소드로 나아간다. 그녀가 서술한 내간체 문체에는 무언가에 대한 연애 감정이 들어 있다. "좋은 글을 쓰는 작가가 되기보다는 제 글을 쓰는 사람이고 싶습니다."라는 당찬 포부를 접하게 되니 그 감정이 소설 창작으로 향해 있음을 능히 확인할 수 있을 것 같다. 그녀의 글을 읽으면서 웃으실 박 선생님의 얼굴이 그려진다. 스승과 제자는 본디 그런 관계이다. 나는 윤선영에게서 좋은 글을 쓰는 작가와 자기 글을 쓰는 사람이 어떻게 다른지 더 들어본 다음 무한대로 공감하고 싶은 기분이 든다. 박 선생님께서 그러실 텐데 나 또한 앞으로 그녀가 문학하는 길에 거대한 축복이 열리길 기원하지 않을 수 없다.

이병일은 시로 먼저 등단하고 다시 신춘문예에 희곡이 당선되어 활발히 활동하고 있는 젊은 작가이다. 그는 학창 시절에 관한 회고담에 '사소하고 짧은 소화(笑話)'라는 겸손한 제목을 달았다. 학부시절에 광주로 갔던 문학기행에서 조태일의 시와 곽재구의 시를 친구와 주고 받았던 모습을 먼저 소개했는데 당시 학생들이 만들었던 창작 분위기를 짐작케 한다. 그의 등단은 그 분위기에 힘입은 바 클 것이다. 그의 글에도 윤선영의 글에서처럼 광릉 봉선사가 등장한다. 박정규 선생님은 문학답사 시간에 광릉수목원 어름에 있는 봉선사로 학생들을 인솔하여 이광수와 『단종애사』와 시대와 이데올로기를 강의했던 것으로 추측된다. 봉선사는 이광수비가 부도 밭 마지막 자리에 놓여 있는 절이다. 현판이 한글로 씌어져 있는 점이 특색이다. 이광수는 두루 알려져 있듯 근대문학의 선구자이자 대표적인 친일 작가여서 우리가 시대와 문학의 관계를 이야기할 때 빼놓을 수 없는 인물이다. 이병일은 문학하는 자세에 대해 고민하던 시절을 소설창작 강의실로 끌고 간다. "선생님의 수업시간은 특별했다. 매 수업시간마다 우리들에게 원고지를 들이밀었다. (……) 그것은 평상시에 원고지를 두려워하지 말라고 하는 선생님의 마음이었고, 즉흥적으로 재치 있는 이야기들을 얼마나 잘 엮고 낼 수 있는지 우리들의 글 솜씨를 가늠해보기 위한 것이었다." 일반에게 공개되지 않는 강의실 풍경의 일부를 우리는 이병일의 글을 통해 바라볼 수 있다. 문학하는 자가 지녀야 할 항심(恒心)이 무엇인지 학생들은 박 선생님의 강의를 통해 배우고 고무되었을 것이다. 이병일의 회고는 조교를 하면서 학과사무실에서 희곡작품을 쓰던 중 선생님으로부터 받은 격려의 말 한마디에 힘입어 덜컥 등단에 이르렀다는 소회에서 최고를 이룬다.

동화작가 이혜경은 혼자만 알고 지내고 싶은 사람이 있는 것 같다.

글에 "루루"라고 부르는 사람이 등장하는데 그것은 그녀가 애정을 담아 고안해 놓은 가명일 듯하다. 이 산악전문가처럼 보이는 "루루"가 누구인지 그녀는 감추고 있다. 일부러 공개해야 할 이유가 없다고 그녀는 생각한 듯하다. 그녀는 인생살이를 산행에 비유하는 오래된 방식으로 문학하는 마음을 진지하게 이야기한다. 동행인 "루루"와 수원 근처 광교산을 오르며 그녀는 박정규 선생님을 "마을 야산처럼 정다운" 분으로 기억한다. 그 분은 가곡을 잘 부르는 예술 소설가이다. 이혜경이 선생님의 가족 이야기에 대해 언급한 부분에 설명을 덧붙이자면 이렇게 말해 볼 수 있다. 부인이신 정진영 선생님은 새를 즐겨 그리는 서양화가이다. 따님 박새롬 양은 일찌기 독일로 유학하여 지금은 독일 유명 연주단체에서 수석첼리스트로 활동하고 있는 연주자이다. 이혜경이 말한 것처럼 가족 모두가 예술가이다. 미술, 음악, 문학. 선생이 차지하고 있는 역할은 문학 예술가이다. "문학이라는 것이 삶과 달라서 훤하게 닦인 길을 놔두고 거칠고 험한 길을 다니는 것이라 일러두던 선생님. 그 덕에 우리들은 원시림 같은 산길을 누비고 다녔다."는 이혜경의 말에서 우리는 소설을 예술로 대하는 선생의 일면을 살필 수 있다.

이근일 시인은 본격적으로 광릉 자택에 대해 기록하고 있다. 선생은 따님을 유학 보낸 후 평창동 살림을 접고 포천 고모리 들꽃마을에 집을 지었는데 시간이 지나면서 그 집에 꿈과 정이 깃들었다. 그 집을 방문한 제자들의 사연도 함께 어우러졌다. 이근일 시인은 그 집에 칠해져 있는 하얀색 외장 페인트 색깔을 눈 내리는 이미지로 형상화한다.

그는 시인이어서 기억 하나하나에 깃드는 감수성이 예민하다. "그때 저와 함께 걸었던 얼굴들이 개별적이라기보다는 한데 뭉친 하나의 이미지로 떠오르고 있듯이, 이 순간 그 나무들은 다만 '하얀 나무' 또는 그와 유사한 몇 그루 자작나무의 기억으로 수렴되고 있을 뿐입니다." 이근일 시인은 동행했던 학우들의 면면을 하나로 모으고, 자택과 그 주변을 눈 내리는 풍경으로 이미지화하는 자신의 상상을 문학적 열정으로 비유한다. 그 열정은 박 선생님이 자신의 최근작을 프린트해서 강의실 학생들에게 돌리는 모습에 대한 존경과 동경으로 이어진다. 이근일 시인이 말하듯이 박정규 선생님의 단편소설은 행갈이가 전혀 안 되어 있는 것이 특징이다. 이근일은 그 때 받아 읽었던 소설의 건물 구조 묘사에서 힌트를 얻어 선생이 작업하는 소설 형식에 들어 있는 전위적 미학을 건축학적 아름다움으로 확장해 말한다. 그리고 그는 "일단 이야기가 아닌, 인물의 성격을 확실히 부여하는 게 먼저다. 그러면 자연스레 이야기가 피어나리니……"라는 자백으로 박 선생님으로부터 배웠던 소설쓰기의 정법 한 가지를 회고한다.

극작가 이명숙은 이근일이 문학적 특성으로 비유했던 자택 방문을 "떡국"과 "양주"로 구체화시키고 그날의 분위기를 잔칫집의 그것으로 고조시킨다. 안식년을 지내시는 선생님을 학생 몇 명이 단체로 찾아갔던 모양이다. 선생이 안식년을 지내신 게 몇 해 전인데 이명숙의 글을 읽고 있으면 마치 하루 이틀 전에 그런 일이 벌어졌던 듯 생생하게 다가온다. 부인이신 화가 정진영 선생님께서 차려 내시는 식사의 깔끔함을 접해본 이라면 누구나 동의할 문장이 이명숙의 글에 들어 있다. 부인의 단아한 외모와 떡국 상의 정갈함. 다정하게 자택 분위기를 이야기하던 중간에 이명숙은 엉뚱하게도 소설창작 첫 수업에서 박 선생님으로부터 "자네는 다음부터는 내 수업 안 들을 거지?" 하는 말을 들었다고 고백한다. 이명숙은 술을 좋아하고, 대학원까지 다닌 극작가이다. 그런데 그녀가 학부시절 과연 뭘 어떻게 했기에 첫 수업에서 그런 말을 들었을까. 궁금하게 만든다. 그녀의 글을 읽고 있으면 대학원 입시 면접에서 어떤 문답이 오고 가는지 짐작할 수 있다. 그녀는 시종일관 삼엄한 분위기에 주눅이 들어 제대로 뜻을 펴지 못했던 듯하다. 그런데 과감하게 박 선생님과 배드민턴을 쳤다는 내용을 읽으면 그녀가 반드시 그렇게 하지만은 않았을 것이라는 판단이 든다. 그녀가 과연, 누구나가 아는, 박 선생님이 지닌 만능 스포츠맨의 면모를 몰랐을까. 박 선생님은 마지막으로 연구실을 정리하시던 며칠 전에도 운동 말씀을 하시다가 "이제 나한테 두 시간은 좀 무리인 것 같아" 하고 말하셨다. 하루 두 시간이면 운동을 참으로 좋아하지 않는 사람이고서는 행하기 불가능한 시간이다. 박 선생님은 교내 헬스클럽 트레이너한테서 몸짱 교수님으로 불린다. 일반인이면 도저히 엄두도 못 낼 링 체조를 한 적도 있다 한다. 복싱이며 검도며 테니스며, 산악자전거며……

드디어 거짓말. 시인 안현미 차례가 되었다. 안현미는 부모가 있었으나 고아처럼 살았던 10대 후반과 20대 초반을 감동적으로 회고한다. 「거짓말을 타전하다」라는 자신의 시를 인용하고 창작 배경을 이야기한다. 그녀의 글을 읽고 있으면 모두가 진짜인 것 같다. 아프지 않으며 외롭지 않다는 거짓말로 자기를 위장해서 타인들의 세상에 자신의 삶을 내비칠 수밖에 없었던 아프고 외롭던 시절이 절절하게 다가온다. 그 시를 천천히 묵독하길 바란다. 참 좋은 시이다. 서울과기대 문창과에 입학하기 전, 그녀는 시인이 아니었다. 시인이 되고 싶어서 들어섰던 대학이 바로 서울과기대 문예창작학과이다. 등록금이 없어서 대학에 가지 못하고 인문계 고등학교보다 커트라인이 높았다는 것을 자존심의 근거로 내세우며 서울여상을 졸업하고 취직해서 "고등학교 때 나도 모르게 쓰여진 대여 장학금을 벌레가 된 남자처럼 죽어라 벌레가 되어 일해서 갚는데 걸린 시간은 일 년. 그 사이 보증금 5만 원 짜리 방에서 600만 원 짜리 방으로 이주"한 이야기를 겸허하게 받아들일 수밖에 없다. 그녀의 고향은 강원도 태백. 아버지는 석탄광산의 광부였고 어머니는 술집 주방으로 돈을 벌러 나갔다. 고향 산골은 "라면을 끓이려 불을 붙이면 불보다 더 많이 타올랐던 석유난로의 심지, 라면에는 언제나 석유냄새가 가득했다"로 기억된다. 기댈 데 없고, 바랄 바 없었던 어머니와 아버지에게서 벗어나 서울에서 고등학교를 다녔고, 수면제를 먹고 자살을 기도했지만 번번이 살아나져서 "거울아 거울아 이 세상에서 누가 가장 쓸쓸하니?"라고 물었던 소녀. 그녀는 17년간이나 따로 떨어져 살던 엄마를 찾아가 "대한석탄공사 장성광업소 제1합숙식당 좁고 좁은 방에서 나는 고단함을 전달해 줄 사람이 결코 엄마가 아니라는 사실을 알게 되었다"라고 말한다. 「거짓말을 타전하다」는

"여상을 졸업하고"로 시작하는 두 문단짜리 산문시이다. 첫째 문단에서는 "고아는 아니었지만 고아 같았다"가 운율에 의해 반복되고, 두번째 문단에서는 "가족은 아니었지만 가족 같았다"가 같은 방식으로 반복된다. 그녀는 가난을 겪어 보지 않았던 사람에게서도 가난을 통해 공감을 얻는 데에 성공했고 고아가 아니었으면서도 고아였던 사람에게서도 시어로 공감을 얻는 데에 성공했다. 두번째 문단, 그녀가 "가족은 아니었지만 가족 같았다."라는 시구를 대학생활에 연결하는 부분이 감동적이다. 그녀는 낮에는 일하고 밤에는 문학을 공부하는 대학에서 가족을 만났다고 말한다. "이사라 선생님은 엄마 같았고 박정규 선생님은 아버지 같았다." 그 공간을 함께 한 이들에게는 거짓말을 타전할 필요가 없었을 것이다. 자신이 살아온 삶의 이력을 낱낱이 사실적으로 고백할 수 있었을 것이다. 이런 아찔한 고백이 어떻게 박정규 선생님과 연계되어 부담 없이 흘러나오는가.

소설가 조헌용의 글로 이어보자. 조헌용은 이 책 『당신의 흔적』의 머리글을 작성한 작가이다. 이 책의 진행에 많은 역할을 했을 것으로 추측된다. 내가 알기로 그는 몇 해 전 광릉 고모리 선생의 자택을 방문하여 소설가의 '서재 탐방기'를 작성하였고 그것을 어느 문예지에 발표한 바 있다. 이 책에 함께 수록해도 좋았을 내용으로 기억된다. 그러나 그는 다른 필자들의 글에 자택에 대한 이야기가 충분히 들어 있으니 가출 경험을 고백하는 은밀한 글을 별도로 작성하여 스승의 정년퇴임을 기념하기로 한 듯하다. 이번 글에 따르면 그는 초등학교 시절 가출을 한 적 있다. 그리고 고등학교를 졸업한 후 몇 가지 자격증을 따서 하사관 임관에 지원했으나 육군, 공군 두 군데 군대로부터 거절당했다. 의무 병역을 위해 병으로 입대하여 군대에서 문학을 발견하고 장래에 갈 길을 정했다. 그는 본디 글재주뿐만 아니라 손재주도 뛰어난 작가이다. 나는 그가 트럭을 개조해 캠핑카로 만들어 인사동에 주차해 놓고 타로점 도사가 되어 그것으로 학비를 번 것으로 알고 있다. 근래에는 부친상을 당했는데 장례식장에서 나는 그에게서 나이차 많은 형들을 소개 받았다. 한가한 자리에서 가족 관계를 넌지시 물었더니 그는 아버지가 큰어머니와 헤어진 후 어머니와 재혼했다고 했다. 이번 산문이 그 내용이다. 그는 아버지를 아버지라 함부로 부르지 못했던 유년에 대해, 어린 시절 겪었던 정체성 혼란에 의해 기차를 타고 감행했던 가출에 대해 이야기한다. 그는 아마도 문학을 통해 그 아픔을 간접적으로 치유했을 것이다. 그는 당시의 경험에 대해 불우했다고도 말하지 않고 행복했다고도 말하지 않는다. 조헌용은 유년의 아버지에 대한 기억을 붙잡고 "오늘날 우리 문학사에서 흔히 자전적 소설이라 불리는 소설들의 모범이 된다는" 도촌 박노갑 선생의 『40년』을 접한 독서 감흥으로 이어간다. 유년의 기억을 『40년』으로 이어가는 끈은 무엇인가. 도촌 선생은 공식적으로 1951년 잠시 수복된 서울에서 숙명여자고등학교에 출근한 뒤 소식이 끊어진 것으로 알려져 있는, 몰(沒) 연대가 미상인 근대문학 작가이다. 비공식적으로는 대전 어느 형무소에 수감되었으나 육이오 이후 이관되었거나 석방되었던 수감자 명단을 확인

한 결과 그 명단에 이름이 누락되어 있는 작가이다. 비공식적 사실은 박정규 선생님을 통해 들었다. 도촌 선생님은 바로 박정규 선생의 선친이시다. 생의 끝이 확인되지 않아 다만 추정되는 기록으로만 존재하는 아버지를 선배 작가로 모시고 박 선생님은 소설가가 되었다. 조헌용은 그런 박 선생님의 제자이다. 박 선생님은 창작집 『에코르체 혹은 보이지 않는 남자』의 서문에서 "태어나신 지 백년이 되는 아버님의 영전에 보잘것없는 창작집이나마 드리게 되어 대를 잇는 소설가의 시늉이라도 할 수 있게 된 것을 감사드린다."고 밝힌 바 있다. 공식적으로 추정되는 몰연도 1951년, 그때 박 선생님의 나이는 5~6세였다. 그 어린 나이에 겪었던 아버지의 부재는 선생이 나이 들어갈수록 더 깊은 슬픔으로 이어졌을 것이다. 선생이 소설가가 되지 않았다면 치유할 수 없었을 것이다. 조헌용은 혈육에 의해 겪었던 자신의 외로움을 스승이 겪었을 아버지에 대한 그리움과 병치하면서 스승을 '아이'라 부르며 상상으로 감정적 합일 지점에 이르려 한다.

이렇게 9인의 산문을 하나로 묶어 읽고 보니 이 책은 제자들이 스승에게 바치는 헌정 산문집이라기보다는 자신의 속내를 과감하게 드러내어 스승과 연대하고자 하는 어떤 격조 높은 우정의 글처럼 보인다. 그만큼 정서적인 유대가 강한 것이다. 그들이 제목으로 정한 '당신이 흔적'에서 '당신'은 장편소설 『흔적』의 저자인 박정규 선생님에 대한 경칭을 넘는다. '당신'은 필자들이 스승을 부르는 존칭 대명사일 것이지만 책을 펼친 당신의 반응을 애정으로 겨누어 응시하고자 하는 의도를 겹으로 전하기 위해 당신이라는 2인칭 대명사를 고안해 제명했을 것이다.

악한 자들과 달리 선한 이들은 흔적을 지우고 싶은 대상으로 여기지 않고 그것을 불멸에 이르도록 남기고 싶어한다. 살면서 남기고 싶은 흔적만을 생각할 때 행복은 절대적으로 더 커지는 법이다. 이 행복의 규율은 안현미, 김중호, 조병세, 조헌용, 윤선영, 이근일, 이병일, 이명숙, 이혜경, 9인의 저자들과 이 책을 펼쳐든 당신에게까지 적용된다. 다시, 저자들이 박 선생을 떠올리며 회고하는 계절이 하나 같이 봄이었음을 상기해 본다. 그것은 희망의 계절이어서 어쩌면 행복한 삶을 희망하는 실질 저자가 이 책 어딘가에 따로 존재하고 있다는 느낌이 든다. 그 실질 저자는 박정규 선생님도 아니고, 특수한 몇 몇 개인도 아니다. 이 책에 분명히 들어 있으나 확연히 존재를 증명하기 힘든 그 실질 저자의 이름을 무엇이라 부를까. 이 책에 한정하여 가명을 지어 본다면 박정규 공동체, 혹은 선생이 몸담았던 서울과기대 문예창작학과 공동체 정도가 어떨까 싶다. 이런 가명을 상상하다 보니 이 책에 들어 있는, 수많은 실질 저자들이 생기 있게 목소리를 내는 듯하다. 아, 행복한 흔적이 한 권의 책 『당신의 흔적』으로 탄생했다. 모두가 이 책을 펼쳐들 때마다 행복감에 빠질 것이다.

당신의 흔적

초판 1쇄 인쇄 2011년 8월 26일 **초판 1쇄 발행** 2011년 8월 31일
지은이 조헌용 외 8인 **펴낸이** 박성복 **펴낸곳** 도서출판 월인
등록번호 제6－0364호 등록일 1998. 5. 4.
주소 142－879 서울특별시 강북구 수유2동 252－9
대표전화 (02) 912－5000 팩스 (02) 900－5036
e－mail worinnet@hanmail.net home
page http://www.worin.net

ISBN 978－89－8477－496－4 03810

값 8,000원